그렇게 _____ 매일 여신으로 산다

기획
/
김주연

마흔 즈음,
김지영 씨의
여신공부

그렇게
매일 여신으로
산다

김선미
김정아
김주연
조헌주
유성종
지음

오리진하우스
ORIGIN HOUSE

최상의 자아를
찾아 떠나는 진짜 공부

마흔이 다 되어서 첫째와 둘째를 낳은 저는 아이를 낳고도 프리랜서로 꾸준히 일을 하고 있습니다. 기업과 대학, 단체, 기관에서 스피치 관련 강의를 하고 때로는 강사 지망생들을 훈련 시키는 일을 하고 있습니다. 직업병인지 동네 엄마들을 만나면 저는 보통의 엄마들과 대화 주제와 방향이 좀 다릅니다. 그녀들이 아이를 낳기 전에는 무슨 일을 했는지, 앞으로 어떤 일을 해보고 싶은지, 자기계발을 위해 무엇을 하는지 등이 궁금하더라고요. 그래서 대화를 하다 보면 어느샌가 심층 인터뷰가 되어 버리곤 합니다.

저와 가장 많은 대화를 나누는 동네 친구가 있습니다. 그 친구의 둘째 아이와 저희 첫째 아이가 같은 어린이집에 다니면서 알게 된 사이인데 알고 보니 동갑이더군요. 그래서 우리는 친구가 되었지요. 이 친구는 리더십과 친화력이 정말 좋아서 동네에서 그녀를 모르는 사람이 없습니다. 처음 만난 사람과도 금방 친해집니다. 심지어 만나는 사람마다 그녀 앞에서는 자신의 속 얘기를 시간 가는 줄 모르고 털어놓습니다. 아이들부터 어르신들까지 눈높이에 맞춰 배려하고 챙기는 모습이 늘 감동적입니다. 누구나 예상할 수 있듯 이 친구는 아이를 낳기 전까지 직장생활도 꽤 잘하던 인재였습니다.

그런데 대화를 하면 할수록 안타까운 마음이 커졌습니다. 누가 봐도 재능이 있는 사람임에도 불구하고 정작 자신은 스스로를 너무 과소평가하고 있었습니다. 뭔가를 해보라고 권했지만 자신이 없다고 말하더군요. 자기 같은 경력 단절 여성을 누가 고용하겠냐고, 10년 가까이 아이만 키웠던 엄마가 무슨 일을 할 수 있겠냐며 엄두조차 내질 못했습니다. 심지어 그렇게 밝고 유쾌한 그녀는 대화 도중 가끔 눈물을 보이곤 했는데 육아와 살림에서 오는 몸과 마음의 스트레스가 꽤 큰 거 같았습니다.

저는 상당히 놀랬습니다. 이렇게 매사에 적극적이고 긍정적인 친구의 마음 상태가 이 정도면 육아와 살림에 지쳐서 남몰래 폭풍 눈물을 흘리는 엄마들이 얼마나 많을까? 이런 생각들 때문이었을까요. 꾸준히 사랑을 받고 있는 책《82년생 김지영》을 읽는 내내 마음이 무거웠습니다. 뭔가 해결책을 찾아야겠다는 생각 때문에 책 읽는 진도가 나가질 않았습니다.

그러다 문득 경력 단절 여성이었지만 강사훈련을 통해 누구보다 활발하게 활동하고 있는 그녀들이 떠올랐습니다. 수줍어 사람들 앞에서 눈 맞춤도 제대로 못 했던 그녀, 걸핏하면 포기하겠다고 저를 힘들게 했던 그녀, 육아와 살림을 핑계로 한동안 가정으로 잠적했던 그녀 등 자신감과 자존감이 바닥이었던 수많은 '김지영'들이 생각났습니다. 그런 그녀들을 변화시킬 수 있었던 것은 무엇인지를 몇 달을 두고 생각해보았습니다. 마침내 찾아낸 결론은 바로 '작은 성공을 꾸준히 맛보게 하는 것'이었습니다.

먹고살기 위한 공부가 아닌 '진짜 공부'를 통해 그녀들은 매일 작은 성공을 맛보았던 것이지요. 한 번 성공의 기쁨을 맛본 그녀들은 무섭게 변화하기 시작했습니다.

틈만 나면 책을 읽었고, 옷 쇼핑보다 책 쇼핑을 더 좋아하게 되었습니다. 책을 통해 긍정적인 생각이 나날이 커져 갔고, 성공자들의 말습관을 하루하루 자신의 것으로 만들어 나갔습니다. 책을 통해 자신의 생각과 메시지들이 쌓이자 사람들 앞에서 말하는 것을 즐기게 되었습니다. 그리고 글쓰기와 운동 등 더 많은 것에 관심을 갖게 되었으며 도전하는 것을 좋아하게 되었지요. 그렇게 그녀들은 가족은 물론 세상에 더욱 가치 있는 사람이 되고자 '진짜 공부'를 했습니다.

이 책《그렇게 매일 여신으로 산다; 마흔 즈음, 김지영 씨의 여신공부》는 아이를 키우는 엄마라면 꼭 읽어보셨으면 합니다. 누구보다 행복하게 육아와 살림에 임하는 엄마가 되려면 '진짜 공부'가 필요합니다. 엄마 자신이 얼마나 건강한 자아를 만들어 가느냐에 따라 가족 모두의 행복이 달려있기 때문입니다. 엄마인 당신 자신이 제일 중요합니다. 꿈이 있는 엄마가 자녀들에게 꿈을 가지라고 말할 때 그 말은 진짜 힘이 생깁니다. 삶을 기뻐하고 매일 조금씩 성장해 나가는 엄마의 모습을 바라보며 자란 아이들은 꿈을 가지는 삶이 자연스러운 일상이 됩니다.

풍요롭고 멋지게 삶을 살고 싶은 분 또한 이 책을 꼭 읽어보시길 바랍니다. 진짜 공부를 통해서 잠들어 있는 최상의 자아를 찾게 되면 일상이 기쁘고 행복합니다. 감사할 일이 많아지고, 또 할 수 있는 일이 많아집니다. 다른 사람과 비교하지 않고 누구보다 멋지게 살아갈 수 있는 엄청난 힘이 생기게 되는 것이지요. 인생이 풍요로워질 수밖에 없습니다. 그러기 위해서는 반드시 '진짜 공부'가 필요합니다.

이 책에서 말하는 '여신'은 눈치채셨겠지만, 여러분 안에 잠들어 있는 '최상의 자아'를 말합니다. 한마디로 '거인'이지요. 각 분야의 전문가들이 모여 거인을 깨우는 방법들을 쉽게 풀어 담았습니다. 거인을 깨우는 방법은 뭔가 거창하고 대단한 일이 아닙니다. 가랑비에 옷 젖듯이 하루 중 조금의 시간을 이용해 공부습관을 갖춘다면 거인은 서서히 깨어나기 시작합니다.

이 책은 총 5장으로 구성되어 있습니다. 1장은 운동, 2장은 독서, 3장은 말하기, 4장은 글쓰기, 5장은 마음공부에 관한 이야기가 나옵니다. 관심이 가는 부분을 조금씩 읽어가며 실천해 보세요. 그러다 보면 어느새 운동과 독서, 말하기, 글쓰기, 마음공부가 선순환되면서 사부작사부작 내공이 쌓일 겁니다. 그리고 지금은 꿈도 못 꾸는 일들을 아무렇지 않게 해내는 당신을 발견하게 될 거예요. 이런 멋진 일들을 증명하려고 애쓰기보다 아주 평범했던 여자의 성공 스토리를 예로 들려드리며 마무리하고자 합니다.

마흔이라는 적지 않은 나이의 한 여자는 10억의 빚더미에 앉아 2년 동안 인생의 밑바닥에서 우울증에 시달리고 있었습니다. 그녀는 거울에 비친 자신의 모습을 보다가 문득 고향에서 고생하시는 엄마를 떠올립니다. 항상 배고팠던 그녀의 어린 시절, 엄마는 과수원에서 일하고 오셔서는 단팥빵을 아이들에게 먹입니다. 엄마는 너무 많이 먹어서 배가 부르다는 말씀과 함께…. 거울을 보던 그녀는 생각합니다.

'과연 엄마는 단팥빵 맛을 알고는 계실까?'

그 생각은 그녀의 마음을 바꿔놓기 시작합니다. 엄마가 보기에도 행복한 삶을 사는 딸이 되기로 결심한 것입니다. 그녀가 그 결심을 실행으로 옮기기 위해 가장 먼저 한 일은 무엇이었을까요? 바로 '걷기'였습니다. 운동화를 신고 조금씩 걷기 시작한 것이었습니다. 매일 걷겠다는 도전을 시작했고, 그녀는 그렇게 작은 성공을 매일 쌓게 됩니다. 이 작은 성공들은 어마어마한 큰 성공을 불러옵니다. 매일 걸으면서 몸이 조금씩 건강해지기 시작했고 더불어 부정적인 생각 역시 건강해지기 시작했던 것이지요. '할 수 없다!'는 생각이 '자신이 잘할 수 있는 일은 무엇일까?'로 생산적으로 바뀐 것입니다. 그리고 해답을 찾기 위해 책을 읽기 시작합니다. 그녀는 '100권의 독서는 그 분야 학위를 딴 것과 같다'라고 말할 정도로 독서광이기도 합니다. 그 결과 그녀는 도시락 사업을 통해 현재 유럽 10개국에서 720여 개의 매장을 운영하고 있습니다. 연 매출 6천억 원 이상을 올리며 성공 가도를 달리고 있는 그녀는 책을 쓰고 강연을 하며 많은 사람의 마음에 용기와 희망을 전하고 있습니다. 지금도 꾸준히 독서와 운동, 강연, 글쓰기, 마음공부를 하며 전 세계를 누비고 있는 그녀는 바로 켈리델리의 CEO이자 《파리에서 도시락을 파는 여자》의 저자인 켈리 최입니다.

자, 어떻습니까? 뭔가 관심 있는 하나로 시작해서 작은 성공을 맛보다 보면 분명 다른 공부로 이어지게 되어 있습니다. 어떠세요? 이제 진짜 공부를 시작하고 싶은 마음이 생겼나요? 그럼 슬슬 시작해볼까요? 잠시만 기다리세요. 첫 번째 여신을 불러드릴게요. 당신의 여신공부를 뜨겁게 응원합니다.

2019년 4월 어느 날, 구파발 작은 작업실에서 김주연입니다.

등장인물 소개

지영씨 82년생. 상혁, 지우 엄마
현주씨 82년생. 연재 엄마
비너스 사랑과 미의 여신
아테나 지혜, 전쟁의 여신
데메테르 풍요, 대지의 여신
뮤즈 예술, 학문의 여신
아르테미스 달, 가정 여인 생활의 관리 여신

외출 준비를 하는 지영씨의 마음이 설렌다. 이게 얼마만의 외출인가? 아이들을 동반하지 않고 홀몸으로 외출을 하는 것은 3년 만인 듯하다. 오늘 점심쯤 친구 아버지가 돌아가셨다는 연락을 받고 지영씨는 분주했다. 제일 먼저 남편에게 전화를 했다. 친한 친구이기 때문에 오늘 저녁에는 꼭 가봐야 하니 좀 일찍 퇴근해서 아이들을 서너 시간만 봐 달라고 남편을 설득했다. 평소 아이 둘을 혼자서는 절대로 못 본다고 하는 남편이지만 이런 사건 앞에서는 어쩔 수 없이 허락할 것이리라 생각했다. 그래서인지 망설임 없이 재빠르게 전화한 것이다. 역시 남편은 좀 투덜대기는 했지만 혼자만의 외출을 허락했다.

지영씨는 남편이 퇴근하고 돌아와서 최대한 손이 가지 않도록 이것저것 준비해 놓을 것이 많았다. 저녁 식사며, 아이들 갈아입힐 옷이며, 간식 등… 이런 일이 처음이라서 머릿속이 복잡했다. 저녁 식사를 준비하면서도 무슨 옷을 입을지, 머리는 묶을 것인지 드라이를 할 것인지 신경이 쓰였다. 그러면서도 이상하게 설렌다. 친구에게는 미안했지만 솔직히 혼자 외출하는 것은 너무 오랜만이라서 기분이 좋았다.

하지만 좋은 기분도 잠시뿐이었다. 오랜만에 찾아 입은 정장은 꽉 끼었다. 울퉁불퉁 살들이 정장 재킷 위로도 티가 났다. 아이 낳고 편한 옷만 입다 보니 여간 불편한 것이 아니었다. 한숨이 절로 나왔다. 화장을 하면서 한숨 소리는 더 깊어만 갔다. 콧등과 눈가, 그리고 이마에 잔주름이 눈에 띄게 늘었다. 아이들 키우느라 화장할 기회가 없어서인지 잘 들여다볼 시간이 없었다. 그런데 공들여서 화장을 하다 보니 잔주름들이 꽤 많이 보이는 것이었다. 마지막으로 머리를 만지는데 '악' 소리가 튀어나왔다. 둘째를 낳고 흰머리가 조금씩 나기 시작했는데 오늘 보니 흰머리가 가르마 양옆으로 빼곡하게 들어서 있었다. 친정엄마를 닮아 흰머리가 너무 빨리 나기 시작한 것인가? 그래도 나이 38살에 이건 너무하잖아. 10년은 더 늙어 보이는 자신의 모습에 외출하고 싶은 마음이 사라졌지만, 장례식장에 미리 도착한 친구들의 문자가 계속 울려댔다. 우울한 마음을 부여잡고 버스에 올라탔다. 그래도 유모차도, 아기 띠도, 아이들 살림 보따리도 없이 버스에 올라타니 기분이 다시 좋아졌다.

장례식장에 도착하니 모여 앉아 있는 친구 다섯 명이 가장 먼저 눈에 띄었다. 반가운 얼굴들이었다. 하지만 반갑다는 생각보다 슬픈 감정이 더욱 크게 다가왔다. 가슴이 답답했다. 상주인 친구를 보니 눈물이 터져 나왔다. 참으려고 했지만 눈물이 펑펑 쏟아졌다. 친구를 부둥켜안고는 한참을 울었다. 얼마나 심하게 울었는지 장례식장을 찾은 사람들이 상주인 줄 알 정도였다. 어느 정도 마음을 가다듬고 친구들 무리에 합석했다. 직장생활을 하는 친구들이어서 그런지 지영씨와는 전혀 다른 분위기였다. 서로 안부를 물으며 이야기를 나누었지만 왠지 주눅이 들었다. 친구들이 자꾸 흰머리를 쳐다보는 거 같기도 하고, 입고 나온 옷을 보며 비웃는 거 같기도 했다. 친구들이지만 불편했다.

이런 지영씨를 구해준 것은 남편의 전화였다.

"여보, 언제 올 거야? 지금 지우가 엄마 찾고 난리야."
"어, 알겠어. 얼른 갈게. 지금 출발하면 한 시간쯤 걸릴 거야."
"한 시간이나? 어휴, 알았어. 빨리 와!"

짜증을 내며 전화를 먼저 끊어버리는 남편의 태도에 걱정이 되면서도 화가 났다. 자신의 인생이 짜증이 나면서도 한심했다. 친구들과 서둘러 인사를 하고 장례식장을 빠져나오면서 지영씨는 소리쳤다.

"내 인생 돌려줘! 이렇게 살고 싶지 않다고! 나도 예쁘고 멋있게 살고 싶다고!"

차 례 ──────

첫 번째 공부

미모를 불러오는 비너스와의
1:1 리얼라인 레시피

1교시

일단 좀 걸으면서
네 몸 구석구석에
말을 좀 걸어봐

지영씨의 전쟁 같은 하루가 또 시작됐다. 아침 식사를 준비하고, 아이들 밥 먹이고 씻기고 옷 챙겨주고, 거기에 남편 출근 준비까지 돕다 보니 어제 장례식장 사건이 꿈같이 느껴졌다. 둘째 아이가 현관 앞에서 유치원에 안 가겠다고 난리 치는 것을 어르고 달래다 보니 어제 느꼈던 우울한 감정도 사치처럼 느껴졌다. 힘들게 아이들과 남편을 각자의 목적지로 보내놓고 지영씨는 이제야 세수를 한다. 아무도 없는 욕실에서 고요함이 느껴지자, 지영씨는 다시 슬퍼지기 시작했다. 그리고 흐느끼며 울었다.

지영씨   <u>흐흐흑… 으으윽…</u>

비너스   아이고~ 시끄러워. 울지 마. 그만 좀 울어. 어제부터 왜 그렇게 울어?

지영씨   네? 엥! 나 이제 미쳤나 봐. 헛소리까지 들리네. 짜증 나고, 우울해 죽겠는데! 하다 하다 이제 환청이 들리는 거야?

비너스   환청 아니야. 어제 과격하게 욕까지 하는 지영씨를 보니까 도저히 지켜볼 수만은 없어서 찾아온 거야.

지영씨   아아악! 누구세요?

비너스   나는 아름다움과 사랑을 주관하는 여신 비너스라고 해.

지영씨   비너스? 그리스 신화에 나오는 그?

비너스   그래 맞아! 그 비너스야. 세상에는 아주 많은 신이 존재해. 그치? 그중에서도 난 아름다움과 사랑을 전하는 '비너스'고!

지영씨   이거 꿈인가요? 잠깐만 제 얼굴 좀 꼬집어 봐도 되죠?

비너스   그래도 되긴 하는데 아플걸? 이건 진짜 상황이야, 지영씨! 지영씨가 밤새도록 나를 계속 불렀잖아!

지영씨   제, 제가요? (놀라서 말을 잇지 못한다)

비너스   그래!! 어찌나 울면서 애원을 하던지 모른 척하고 계속 잘 수가 있어야 말이지. 어제 장례식장에서 엄청 추하게 운 거 기억하지?

지영씨 추했어요? 기억은 나는 데 추할 정도였는지는 모르겠어요. 제 친구 아버님이 돌아가신 건데, 사실 살아생전 두 번이나 제대로 봤나? 그런데 그렇게 슬프더라고요. 감정을 억제할 수가 없어서 나도 모르게 막 운 건데… 그게 추했군요. 하긴 제가 얼마나 울었으면 남들이 제가 딸인 줄 알았다고 했다니까요.

비너스 그때 왜 그렇게 운 줄 알아? 친구 아버지가 그리워서 운 게 절대 아니야. 어제 장례식장인데도 불구하고 외출 준비하면서 설레었지? 남편에게 눈치는 좀 보이지만 아이들 없이 홀몸으로 외출하는 게 3년 만이었으니까. 그런데 그게 그렇게 서러웠던 거야. 3년 만에 어렵게 나가는 자리가 장례식장인 것도 서러운데 그조차도 집에 있는 애들 때문에 쫓기듯 집에 돌아와야 하는 것이 서러웠던 거지. 더군다나 오랜만에 만난 친구들은 모두 직장인이라서 멋있게 보이는데 자신이 한심해 보였던 거지.

지영씨 맞아요. 제가 너무 한심해요. 몸매도 완전 아줌마고. 중부지방만 자꾸 늘어나니까 옷 사는 것도 재미없고. 목

24

늘어난 티셔츠! 그게 딱 저예요. 저, 너무 한심하죠? 제가 남자라면 저 같은 여자는 싫을 거 같아요.

비너스 그래 맞아. 한심해. 아주 한심해. 누가 봐도 한심해 보일 거야.

지영씨 네? 뭐라고요? 위로는 못 해줄망정. 이렇게 뜬금없이 나와서 뭐라고 하시는 거예요?

비너스 왜 갑자기 발끈하고 그래. 지영씨 생각이 너무 한심하다는 거야. 지금도 충분히 괜찮아. 하지만 지영씨가 하는 그 생각이 자신을 정말 한심한 바보로 만들고 있다는 거 알아?

지영씨 맞아요. 그래도 20대 때는 이렇지 않았어요. 언제나 당당하고, 자신감 있었는데. 아니 멀리 안 가도 돼요. 30대 초중반까지도 이렇지 않았어요. 결혼하고, 아이 낳고 누구보다 즐겁고 행복한 사람이었는데, 어쩌다 제가 이렇게 되었을까요. 어쩔 땐 남편도, 애들도 다 싫어요. 애들 낳고 키우면서 제가 이렇게 변한 것만 같아서요.

비너스 음…. 그러고 보니 지영씨의 20대, 30대는 정말 눈부시게 빛났네. 하지만 지금도 빛나고 있어. 자신의 마음이 그 빛을 가리는 것뿐이지.

지영씨   진짜요?

비너스   이보세요! 저 여신 비너스거든요. 제가 거짓말하는 신
        으로 보이십니까?

지영씨   죄송합니다, 비너스 님. 그럼 제가 예전처럼 다시 빛날
        수 있을까요?

비너스   (헛기침하며) 음, 내가 비법을 알려주면 해볼 거야?

지영씨   그럼요. 당연하죠! 사실, 얼마 전에 둘째 다니는 유치원
        에서 저와 동갑인 현주씨를 알게 됐는데 그 여잔 어딘지
        모르게 세련돼 보여서 저랑 비교가 됐어요. 어딘지 모르
        게 자신감도 넘치고, 귀티도 나고. 얼굴에 주름도 없는
        것 같고. 그 여자를 보다가 저를 보니 '오징어' 같아 보
        이더라고요. 갑자기 짜증이 밀려오는데, 거기에 제 딸이
        뭐라고 하는 줄 알아요. 글쎄?

비너스   뭐라고 했는데?

지영씨   우리 딸이 그 여자를 보고 '예쁜 이모' 하면서 졸졸 따라
        다니는 거예요. 나 참 기가 막혀서. 자기를 낳아주고 키
        워준 엄마한테는 예쁘단 말 한마디도 안 하면서 현주씨
        보고 예쁘다는 게 말이 돼요? 친하게 지내고 있긴 한데
        별로예요.

비너스   그 마음은 이해하지만, 신세 한탄은 할수록 그대의 못생
         긴 주름만 늘 뿐이야. 우선 밖으로 나가지. 같이 좀 걸어
         볼까?

지영씨   알았어요. (우울함과 짜증이 섞인 못생긴 표정으로 비너스를 쳐
         다본다)

비너스   이제부터 진짜 수업을 시작하지. 첫 번째 단계야. 집중
         해. 내 수업은 쉽게 들을 수 없는 수업이라고. 집중 안
         하면 짤릴 수도 있어요. 지영 학생! 자, 좀 걸으면서 그
         대의 발에 집중해 봐.

지영씨   네, 좋아요.

　　지영씨는 어깨를 축 늘어뜨리고 터벅터벅 힘없이 걸었다. 이
상황이 이해도 잘 안되지만, 어쩌면 지금 자신에 대해 생각하는
최악의 상황보다는 이 순간이 나을 수도 있었다. 발에 집중하라
고 했지만, 세탁기에 잔뜩 돌려둔 빨래 더미와 싱크대에 넘칠 듯
쌓아둔 설거지 생각이 떠나질 않는다. 남편과 아이들이 벗어놓
은 옷가지들은 또 어떻고. 바닥에 널브러져 있는 장난감들도 머
릿속에 둥둥 떠다니는 중이다.

비너스　지영씨!!!

지영씨　아! 네! 잠시 딴 생각이 들어서 그만. 이제 집중하도록
　　　할게요.

비너스　잘 느껴봐. 그대의 발이 바닥에 어디가 먼저 닿는지, 몸
　　　이 어느 쪽으로 기울어지는지.

지영씨　엄지발가락이 먼저 닿아요. 그런데, 요즘 걸을 때 오른
　　　쪽 무릎이 자꾸 시큰거려요. 이제는 하다하다 무릎까지
　　　망가지네요. 어휴….

비너스　괜찮아. 계속 걸어봐. 걸으면서 발가락, 발목, 그리고 무
　　　릎, 골반, 허리, 어깨, 목 하나하나 움직임을 느껴봐. 발
　　　바닥의 느낌, 그리고 무릎처럼 또 불편한 곳이 있는지도
　　　가만히 들여다봐. 그리고 걸으면서 아파트 단지에 올망
　　　졸망 핀 꽃들도 내려 보고, 구름 한 점 없는 저 파란 하
　　　늘도 올려다봐 봐. 시원한 바람이 그대의 뺨을 타고 머
　　　리칼을 흔드는 것도 느껴봐. 하루하루가 너무 치열하다
　　　보면 신체의 오감이 다 무뎌지게 되거든. 그렇게 되면
　　　내 몸에서 보내는 신호들도 받을 수가 없지. 바쁜 하루
　　　의 일상 속에서 자신에게 집중하는 시간을 조금씩 늘려
　　　나가다 보면 점점 아름다워지게 되는 거야. 그게 첫 번

째 비밀이야. 자신에게 집중해 보는 것. 지금은 어때?

지영씨 좋아요. 이렇게 내 몸에 집중해 본 적이 단 한 번도 없었어요. 애들 때문에 밥을 먹는 순간마저 코로 들어가는지 입으로 들어가는지 모르게 마시듯 먹어버리는데 제가 이렇게 걸어 볼 여유가 어디 있었겠어요. 이렇게 나를 위해 걷는 시간을 가지니 아침의 까치 소리마저 반갑게 들리네요. 너무 좋아요.

비너스 그렇지. 자, 이제 동네 공원으로 가볍게 뛰러 가볼까? 숨이 차기 직전까지 아주 가볍게 달려보자. 숨이 찰 것 같으면 가볍게 다시 걸으면 돼. 가자!

지영씨 오케이! 좋아요!

달리는 게 힘들어 보이던 지영씨의 발걸음이 점점 가벼워 보인다.

비너스 이제 좀 어때?

지영씨 뭔지 모르지만 기분이 좋아졌어요. 처음에 달리라고 했을 때 표현은 안 했지만 좀 짜증이 났었거든요. 귀찮았는데, 달리다 보니 안 좋은 마음들이 좀 없어진 것 같아요.

비너스   그 표정 다 읽었거든. 나 신이라고! 어쨌거나, 가벼운 달리기를 하면 우리 몸에서는 여러 가지 긍정적인 호르몬이 분비되기 시작해. 세로토닌이라고 들어봤지? 행복 호르몬이라고 불리는데, 손상된 마음과 신체의 세포를 회복하도록 도와주는 역할을 해. 스트레스를 받게 되면 자율 신경의 균형이 깨지면서 우리 몸의 면역 체계가 망가져 버리는 거야. 그래서 여기저기 아픈 데가 생기기 시작하는 거지.

지영씨   전 단순히 땀을 빼서 기분이 좋아졌나 했죠. 아니었네요. 과학적인 근거가 있는 거네요.

비너스   물론 그렇기도 하지. 하지만, 달리기와 같은 신체의 활동들이 좋은 호르몬들을 마구마구 분비시켜 나쁜 호르몬의 작용을 억제하는 활동을 하게 돼. 세로토닌은 스트레스를 받고 힘든 몸을 복구시키는 가장 든든한 아군이거든. 아침 햇살을 받으며 하는 가벼운 조깅은 그대를 정말로 행복하게 만들어 줄 거야. 이제 집안일이 바쁘다는 핑계나 불평만 하지 말고, 단 10분이라도 밖으로 나와 이렇게 걸으면서 나와 친해지는 시간을 갖는 거야. 매일매일. 어때, 할 수 있겠어?

지영씨	아, 그럼요. 10분이야 뭐.
비너스	중요한 건 걸을 때 절대 다른 생각하지 말라는 거야. 오직 자신의 걷는 모습에 집중하면서 자신에게 말을 걸어 봐. 그게 포인트야. 그렇게 하는 것과 안 하는 건 천지 차이니깐.
지영씨	저에게 나타나 주셔서 감사합니다. 비너스 님, 대박!
비너스	지금 칭찬받긴 일러. 앞으로 갈 길이 멀거든.

　지영씨는 어딘지 모르게 활기가 생겨났다. 지친 삶에 찌들어 보였던 잿빛 근심 가득한 탁한 얼굴빛도, 눈 밑의 그늘도 조금씩 밝아지고 있었다.

2교시 ———

하나를 바꾸면
세 개씩 바뀐다

지영씨의 일상은 여전히 바빴다. 하지만 비너스
님이 알려준 대로 아침에 가볍게 조깅하는 시간을 가져보기로 했
다. 매일은 못해도 일주일에 서너 번 정도까지는 꼭 하리라 마음
먹고, 그렇게 한 달이 지나자 밤이 되면 꺼질 것만 같았던 몸 컨
디션도 괜찮아지는 것 같았다. 기분 탓일까? 전쟁터 같았던 매
일 아침, 지영씨는 규칙적으로 조깅을 하기 위해 시간을 배분해
보았다. 그리고 나름의 규칙을 세웠다. 혼자서 남편과 아이들의
아침 준비를 도맡아 하는 것이 아니라 일을 분담하기로 했다. 그
렇게 하니 스트레스와 압박감이 줄어들기 시작했다. 모든 일이
자신의 손을 거쳐야 제자리를 찾는다는 생각은 욕심인 줄도 몰

랐다. 설거지를 하는데 콧노래가 흘러나왔다. 그런데 요즘 계속 시큰거리는 오른쪽 무릎 통증이 불편하게 느껴진다. 오른쪽 무릎이 불편해 왼쪽 무릎으로 체중을 싫었더니 왼쪽 무릎까지 시큰거리는 느낌이다. 얼마 전 친정엄마가 무릎 연골이 닳아 인공 관절 수술을 했는데, 지영씨 역시 연골이 닳았을까 봐 내심 불안하기도 하다.

비너스   오, 제법인데! 하루하고 그만할 줄 알았더니 한 달을 꾸준히 조깅을 하고…

지영씨   깜짝이야! 노크 좀 하고 오시면 안 돼요? 제가 한다면 하는 여자거든요.

비너스   이거 봐! 잊었어? 나 신이라니까!

지영씨   네네. (참나, 자기가 신이면 다야? 이렇게 사람 놀라게 해도 되는 거냐고)

비너스   지영씨 다 들린다…. 자꾸 투덜대는 버릇이 있는데 나중에 나 말고 다른 신들의 도움이 꽤 필요하겠어.

지영씨   앗! 아무 말도 안 했어요!

비너스   그래, 그건 그렇고. 요즘 몸은 좀 어때?

지영씨   음… 꽤 활력이 생겼어요. 아무것도 하기 싫고 짜증도 나고 그랬는데 말이죠. 요즘은 아침에 일어나는 것도 더 가벼워진 것 같고, 아무래도 아침에 조깅을 시작하고 나서부터 체력이 좋아진 거 같아요.

비너스 그렇지! 꽤 잘 하고 있는 거 같아서 내가 좀 지켜보다 왔어.

지영씨 저를 매일 감시하고 있었던 거예요?

비너스 감시? 감시라고 하긴 좀 그렇고. 지영씨 안에 내가 있는 거야. 난 지영씨의 아름다움을 지켜주는 신이라고! 조용히 있으려 했는데 누가 하도 답답하게 굴어야 말이지.

지영씨 앗. 그렇네요. 깜박했습니다!

비너스 음~ 이럴 때가 아니야. 우리 2교시 수업을 시작해야 한다고. 지영 학생!

지영씨 네. 열심히 배우겠습니다. 비너스 선생님!

비너스 그렇지. 아주 좋은 태도야! 그럼 2교시 수업을 들어가보지. 요즘도 무릎이 계속 아픈 거 같은데, 몸을 쓰면 쓸수록 계속 아플 거야.

지영씨 운동하면 다 건강해지는 거 아니었어요? 옛날에 허리가 좀 아팠던 적이 있었는데 누가 가볍게 많이 걸으라고 하던 거 같던데….

비너스	그렇진 않아. 몸이 틀어져서 생긴 근골격계 통증은 그 상태로 많이 쓰면 쓸수록 문제가 심해지지. 자동차 앞바 퀴 하나가 심하게 마모된 상태로 계속 도로를 달린다고 생각해봐. 차가 어떻게 되겠어?
지영씨	마모된 바퀴가 펑크가 나거나 차가 고장이 날 거 같은 데요.
비너스	딩동댕! 사람 몸도 마찬가지야. 틀어져 있는 체형은 축 이 뒤틀려 있기 때문에 언제, 어디가 망가질지 모르는 자동차와 똑같아.
지영씨	정말 그렇겠네요. 단순히 운동하면 무릎도, 발목도 건강 해질 거라 생각했어요. 그것도 모르고 열심히 걸어서인 지 무릎이 더 시큰거리는 것 같아요.
비너스	그런 것 같아서 내가 왔지. 타이밍 끝내주지?
지영씨	감사해요. 비너스 님. 이제 제가 어떻게 하면 되죠?
비너스	자, 지금부터 하나를 바꾸면 세 개가 바뀌는 마법 같은 비법을 전수해주지. 첫 번째 비법은, 힙힌지! 빠밤.
지영씨	힙지? 뭐지라고요?
비너스	힙힌지! 에이치 아이 엔 쥐 이! HINGE!
지영씨	힙힌지? 그게 뭐예요? 힙합은 알아도 힙힌지는 모르겠

미모를 불러오는 비너스와의 1:1 리얼라인 레시피

네요.

비너스 그렇지. 많은 사람들이 잘 몰라. 지영씨, 우리 몸에 가장 큰 관절이 뭐야?

지영씨 관절? 무릎 관절?

비너스 땡! 바로 고관절이야. 우리 몸에서 가장 큰 관절이자 우리 몸의 중심축이지. 그런데 많은 사람들이 이 고관절을 사용하지 않고 있어. 허리를 숙일 때도 고관절 움직임이 가장 크게 작용해야 하는데, 대부분 허리를 과하게 구부려 허리에 손상을 입히지. 척추 뼈 주위의 근육들은 엉덩이 근육보다 작고 약한 근육들이거든. 엉덩이 근육이 튼튼하면 허리를 아주 안정적으로 잘 받쳐주지.

지영씨 정말 몰랐어요.

비너스 많은 사람들이 몰라. 특히 임신과 출산 그리고 육아의 과정을 겪은 여자들은 허리 부상 위험이 항상 도사리고 있지. 바닥에 있는 아이를 안아 올릴 때, 특히 허리 부상이 많아. 출산을 돕기 위한 호르몬인 릴락신이라는 호르몬이 임신 중에 분비되는데 그 호르몬 때문에 관절과 인대는 아주 유연해지고 느슨해져 있는 상태야. 아이를 출산하고 나서도 몇 달까지 가거든. 그런데 그때, 무리하게 허리를 숙였다 펼 때 탈이 나는 거야.

지영씨 아! 저도 첫째 낳고 허리 삐끗해서 몇 주를 움직이지도 못하고 누워있었는데. 제가 고관절을 잘못 써서 그런 거였군요.

비너스 그래 맞아. 사실 그래서 여자들은 임신하기 전부터 관리가 필요하지. 더 건강하게 출산하고 빠르게 회복하기 위해서. 중요한 건 자신의 몸에 대해 잘 알고 '잘 사용'할 줄 알아야 한다는 거야.

지영씨 아~ 엉덩이가 작고 예쁜 나 같은 여자? 그 노래가 괜히 나온 게 아니네요.

비너스 그래, 그것도 맞아. 요즘은 미용 측면에서도 엉덩이를 강조하는 일들이 늘어나고 있는데, 작고 균형 잡힌 예쁜 엉덩이가 건강한 척추를 만든다는 사실 명심해!
엉덩이가 넓게 퍼져있다는 것은 엉덩이 근육이 잘 사용되지 않아 늘어난 상태를 의미하는 것이기도 하거든. 대부분 이런 체형들이 엉덩이 근육을 잘 못 쓰고 허리 근육이나 허벅지 앞쪽 근육을 과다하게 쓰는 경우들이 많지.

지영씨 그렇군요. 그런데 엉덩이랑 제 무릎이랑은 또 무슨 관계가 있는 거죠?

비너스 엉덩이 근육을 잘 못 쓰는 사람들은 앞서 말했듯이 무릎을 과하게 쓰게 돼. 걸을 때, 계단 올라갈 때, 서 있을 때 다 마찬가지야. 무릎이 과하게 일을 하면 당연히 무릎 관절 쪽에 부담이 갈 거야. 이뿐만 아니라 허벅지 근육들이 굳어 버리면 그 굳은 부분에서 무릎 쪽으로 통증이 방사되는 경우들도 많지. 그것을 방사통이라고 해. 굳은 근육에서 직접적인 통증이 안 나타나고 다른 부분에서 통증이 생기는 것!

지영씨 그럼 어떻게 해요. 걸으라 했다가 걸으면 더 아파진다 했다 하시면… 그럼 저 앞으로 걷지 말아요?

비너스 아니!! 헷갈릴 수도 있는데, 1교시에서 이야기했던, 걷기에 대한 부분. 걸으면 몸에 좋은 이점은 아주 많아. 단, 체형을 바르게 잡으면서 걷기 운동을 하게 되면 아주 좋은 세단이 달리는 것과 같아지지. 좋은 차는 잘 나가잖아? 좋은 몸도 역시 잘 나가는 법이야!

지영씨 자꾸 몸을 차에 비유하시네! 차를 좋아하시나 봐요. 그럼 방법을 알려 주세요.

비너스   그래야 이해가 잘 되니까! 자, 그럼 첫 번째는 허벅지 앞쪽 근육을 잘 풀어주고, 두 번째는 엉덩이 사용법을 익히면 돼. 간단해. 그러면 엉덩이 근육이 아주 강력하게 무릎과 발목에 부담을 덜어줄 거야.

지영씨   어려운데 좀 더 자세히 쉽게 설명해주세요.

비너스   자세한 동작은 4교시에서 특급 비밀 레시피를 공개하지. 지영씨가 집중을 잘 해준다면 말이야.

지영씨   네네! 선생님! 집중!

비너스   두 번째 비법! 코어!

지영씨   오~~ 코어는 들어봤어요. 힙힌지 보다는 익숙한 용어예요. 코어코어!

비너스   그렇지. 요즘 많이 나오지. 방송에서도 코어에 관한 내용을 많이 다루더군.

지영씨   코어가 배에 힘주는 거 아니에요?

비너스   음. 뭐 비슷해. 하지만 주의할 점이 있어.

지영씨   뭔데요?

비너스   대부분 배에 힘을 준다고 허리 척추뼈를 뒤로 밀어 넣어버리거든. 이렇게 되면 복근의 단축이 생겨 오히려 허리 통증이 생길 수도 있는 방법이야. 의외로 잘못 알고 하는 부분이지.

지영씨   그렇군요. 출산하고 나서 배가 너무 나왔는데 굶어도 배는 안 들어가요. 자꾸 바지 사이즈만 늘어가고, 혹시 이것도 약한 코어 때문인가요?

비너스   어느 정도는 영향이 있어. 임신 기간에는 태아와 양수의 무게 때문에 체중이 앞으로 쏠리고 복근이 충분히 늘어나 배가 나오게 되거든. 그래서 복근 자체가 약해지는 경우가 대부분이지. 다시 잘 쓰는 법을 배우고 훈련하게 되면 배는 들어가게 돼있어.

지영씨   희망적인데요. 제 이 남산만 한 배도 들어갈 수 있을까요?

비너스   (골똘히 생각한 후) 음…. 일단 해보자.

지영씨   비너스 님~, 확신해 주시면 안 돼요? 된다고 해주시면 안 돼요?

비너스   그것까진 신의 영역 밖이야. 인간의 노력 유무에 따라 달라지지.

지영씨   그냥, 비너스 님이 수리수리 뽕 하고 배 좀 넣어주시면 안 될까요? 신이시잖아요!

비너스   제발 요행을 바라지 말게. 가장 정직한 것이 인간의 몸이란 말이야.

지영씨 쳇! 네!

비너스 자, 인간의 똥배가 들어갈 수 있는지 한번 해 볼까?

지영씨 좋아요!

비너스 첫 번째 단계는, 배꼽만 가볍게 허리 쪽으로 당겨봐. 단, 한 손은 배에 나머지 한 손은 허리에 손바닥을 두고 체 크해. 허리뼈 자체가 뒤로 넘어와서는 안 돼.

지영씨 이렇게요?

지영씨는 비너스가 시키는 대로 배에 손을 대고 아랫배를 당 겨 본다. 배를 만지고 있으니 많은 생각이 든다. 이 배로 두 아 이를 낳았다. 그때 그 생각들이 주마등처럼 지나간다. 임신과 출 산, 그리고 이어지는 육아의 과정으로 너무 지쳐가고 있었다. 아 이가 있어 너무 행복하지만, 그만큼 잃는 것도 많다는 생각이 그 동안 자신을 괴롭히는 이유 같았다. 하지만 괜찮은 몸으로 다시 돌아갈 수 있을 것 같아 새로운 희망이 생겼다.

비너스 아니. 그렇다고 해서 윗배가 불룩 나오면 안 돼.

지영씨 뱃살 질량 보존의 법칙 아닐까요? 아랫배에 지방이 위로 옮겨가는?

비너스 하하. 그거랑은 좀 다른 이야기야. 다시 집중해봐.

지영씨 음…. 지금은 되고 있는 거예요?

비너스 좋았어! 다음 단계로 넘어가 보자.

지영씨 네!

비너스 아까부터 봤는데, 호흡도 영 엉망이야. 평소대로 숨쉬기 좀 해봐.

지영씨 숨이요?

비너스 그래 숨, 호흡. 호흡은 인간의 가장 기본적인 대사 과정의 시작이지.

지영씨 (집중하고 호흡을 한다)

비너스 호흡은 일단 크게는 복식호흡과 흉식호흡으로 나뉘어. 하지만 사람들의 자세가 대부분 엉망이다 보니, 목과 어깨의 근육으로 호흡을 하는 일명 양서류 호흡 패턴을 많이 이용하지. 마치 개구리가 목으로 깔딱깔딱 호흡을 하는 것처럼 말이야. 이 근육들 역시 호흡을 돕는 근육이긴 하지만, 주된 호흡의 근육으로 사용하면 근육의 피로도가 많이 쌓이지. 그러면 당연히 목과 어깨가 늘 아프겠지. 지영씨 같은 경우도 숨을 마실 때 배가 들어가면서 어깨가 들썩들썩 올라가고 숨을 뱉을 때 배가 나와. 호흡이 완전히 반대로 된 경우야.

지영씨 아! 그럼 어떻게 해야 하죠?

비너스 우선 목, 어깨를 한번 돌려봐. 으쓱으쓱 가볍게. 긴장을 최대한 풀어. 호흡 못 한다고 아무도 혼내지 않으니까 걱정하지 말고. 그다음 편하게 의자에 앉아서 팔을 의자 팔걸이에 올려 가볍게 눌러. 어깨가 올라가지 않게 말이야. 복식호흡으로 가보자. 마시는 숨에 배를 앞으로 충분히 부풀려 주고, 뱉는 숨에는 배꼽을 허리 쪽으로 당겨봐.

지영씨 네! (또다시 집중하며 호흡을 한다)

비너스 옳지! 좋아, 좋아! 그렇게 하는 거야! 이제 제법 잘하는데.

지영씨 오~. 비너스 님께 칭찬을 받다니. 완전 좋아요.

비너스 후훗. 내가 칭찬에 강한 신이지.

지영씨 호흡을 끝까지 뱉으니까 제 배가 느껴져요. 마치 코르셋처럼 뱃속을 가볍게 감싸 쥐여주는 느낌이랄까? 이렇게 호흡하면 정말 뱃살이 빠질 것만 같아요. 뭔가 더 튼튼하게 척추를 잡아줘서 허리도 더 곧게 펴지고요.

비너스	맞아! 인간들이 한 연구 중에 복식호흡을 하면 체중 감소가 된다는 논문도 있더라고. 호흡은 꽤 효과적이야. 평상시에도 틈틈이 연습해서 호흡도 좋아 지길 바래. 모든 대사 활동은 바로 이 호흡부터 시작이야. 평상시 잘 안 쓰던 폐까지 활용할 수 있게 되어 폐 속의 안 좋은 공기를 배출시키는데 도움을 주지. 또한, 혈액순환을 왕성하게 해서 우리 몸속에 산소 농도가 풍부해져!
지영씨	네. 비너스 님만 믿어요. 쓰읍 하~ 쓰읍 하~
비너스	복식호흡하면서 들어. 또한 호흡은 부교감 신경이 활성화되어서 심장박동이 진정되고 산소 공급이 원활해져 근육이 이완되고 마음이 편안해지지. 부정적인 감정이 생길 때, 눈을 감고 가볍게 복식호흡을 해봐. 아무 생각 안 해도 좋고 의식의 흐름대로 생각이 흘러가도 좋아.
지영씨	네! 명심하겠습니다.

지영씨는 저녁에 남편과 가벼운 다툼이 있었다. 그러나 비너스와 했던 2교시 수업이 무척 도움이 된 모양이다. 예전 같았으면 남편의 퉁명스러운 태도와 말투에 대적해 한바탕 큰 싸움이 벌어졌을 텐데, 배웠던 호흡을 깊게 해 보았다. 가슴이 콩닥콩닥

뛸 정도로 화가 나고 기분이 나빴던 감정이 한풀 꺾였다. 호흡 하나로 감정이 조절되는 것을 몸소 이해할 수 있었다.

미모를 불러오는 비너스와의 1:1 리얼라인 레시피

3교시 ————

좋은 습관 채우기 전에
나쁜 습관 버리기부터 해볼까?

조금씩 주변 사람들이 지영씨의 변화를 알아보기 시작했다. 오늘 아침, 출근 준비하는 남편이 콧노래를 부르며 넥타이를 맨다. 지영씨가 의아해하며 바라보자, 남편이 갑자기 고맙다고 말한다. 어찌 된 영문일까? 그래도 기분은 좋다. 남편과 아이들을 보내고 난 뒤, 창문으로 햇살이 가득 들어온다. 햇살을 받으며 여유 있게 커피 한 잔을 마신다.

비너스   날씨 좋다!

지영씨   비너스 님!

비너스   안녕~ 오늘 날씨만큼이나 지영씨 표정이 밝네.

지영씨 　네! 오늘은 아침부터 기분이 좋아요. 날씨도 좋고, 요즘 제 컨디션이 괜찮아서 그런지 가족들도 다 좋아해요.

비너스 　다행이네! 나도 기분이 좋네.

지영씨 　감사합니다!

비너스 　좋아. 오늘은 3교시 수업을 들어가 볼까?

지영씨 　네! 비너스 선생님!

비너스 　오늘은 지영씨가 좋은 습관을 만들기 전에 깨끗하게 버려야 할 것들에 대해 알려줄게. 나쁜 것들을 비워야 좋은 것들로 채워지거든. 사실, 40년 가까이 살아온 습관들이 한순간에 전부 바뀌진 않겠지만, 계속 기억하고 노력하다 보면 다시 바뀌게 될 거야.

지영씨 　네. 선생님!

비너스 　지영씨, 아까 소파에서부터 시작해볼까?

지영씨 　소파요?

비너스 　사실, 소파는 기본적으로 편안함을 위해 만들어진 것으로 엉덩이 부분이 쑥 들어가서 꺼진 것들이 많아. 최대한 뒤로 누워 편안하고 안락하게 만들어졌지. 그래서 허리를 바르게 세우기 힘든 구조가 되는데, 거기에 지영씨처럼 다리를 꼬고 앉으면 골반이 완전히 망가지게 되어 있어. 그런 크고 작은 습관들이 자세를 만들고 그런 자세들이 고착되어 체형을 만들지. 지금의 체형은 결국 과거의 지영씨야.

지영씨 앗!! 그래서 골반이 틀어진 건가요?

비너스 그렇지! 자기도 모르게 편한 자세를 취하다 보면 그게 체형이 되는 것이지.

지영씨 앗!

비너스 우리가 엄마 뱃속에서 태어나 처음 팔을 뻗을 때부터 우세 손이라는 것이 있어. 오른손잡이 왼손잡이 말이야. 그건 알지? 발도 마찬가지야. 더 잘 쓰는 쪽의 발이 있지. 우리 몸은 한쪽이 움직임을 많이 가지려면 그 반대쪽은 안정성이 충분히 받쳐주어야 하거든. 그래서 짝짝이의 움직임이 어떻게 보면 굉장히 자연스러운 움직임인데, 그렇기 때문에 골고루 잘 움직여 주고 바르게 사용하는 것이 굉장히 중요해.

지영씨 저 오른손잡이예요. 발은 왼발잡이인 것 같고. 서 있을 때 대부분 왼발로 짝다리를 많이 짚고 있더라고요. 사실 잘 몰랐었는데, 비너스 님과 공부를 하면서 몸을 관찰하기 시작했거든요. 특히, 설거지할 때 더 그렇더라고요.

왼쪽 무릎이 아픈 것도 그 이유가 큰 거죠?

비너스 오~ 맞아! 몸에 대해 이제 관심을 갖기 시작했네! 아~ 주 좋아!

지영씨 그럼요. 제가 또 한 성실하는 모범생 스타일이지요!

비너스 금방 또 우쭐해지긴. 쯧쯧

지영씨 헤헷

비너스 자! 오늘부터 버려야 할 습관 첫 번째, 다리 꼬기와 짝 다리 짚기 같은 골반이 틀어지는 자세를 피하도록 하자. 이 둘은 골반의 적이라고 기억하면 좋을 것 같아.

지영씨 옛썰! 근데 꼬지 말라고 하니까 무지하게 꼬고 싶어요. 청개구리 심보인가봐요.

비너스 대부분 다 그렇더라고. 인간들은 말이지. 쯧쯧. 하지만 꾹 참고 한번, 그리고 두 번 인지하면서 습관을 바꾸는 횟수가 쌓인다면 지영씨의 몸은 점점 좋아질 거야.

지영씨 네. 노력하겠습니다!

비너스 좋아. 지영씨! 아자아자!

지영씨 그런데 비너스 님! 제가 또 한가지 고민이 있어요.

비너스 말해봐.

지영씨 사실 요즘 자꾸 이중 턱이 생겨서 고민이에요. 주름도

미모를 불러오는 비너스와의 1:1 리얼라인 레시피

늘어가고, 턱에는 살이 붙어서 얼굴은 더 커 보이고. 정말 거울 보기가 너무 무서워요.

비너스   어디 볼까?

지영씨   …

비너스   어젯밤 애들을 재우고 난 뒤 지영씨가 텔레비전을 보는 모습이야. (비디오를 보여주며)

지영씨   네? 이건 또 언제 찍으셨어요?

비너스   내가 안 찍어. 자동 저장일 뿐. 얘기했잖아. 내가 곧 지영씨라고.

지영씨   아! 신기해요.

비너스   잘 봐. 여기서 뭐가 문제인지.

지영씨   소파에 비스듬히 기대어 앉는 것도 잘못된 자세라 하실 것 같고, 또 제가 턱을 괴고 있네요. 그리고 다리도 열정적으로 꼬고 있어요.

비너스   맞아! 첫 번째와 세 번째는 앞서 이야기했고, 두 번째! 턱을 괴고 있는 습관 보이지? 이 습관은 턱관절에 굉장히 안 좋은 영향을 주지. 비대칭은 물론이고, 거북목을 유발하는 자세이기도 해. 코어가 약하다 보니까 허리가 뒤로 구부정하게 무너지면서 얼굴이 자꾸 앞으로 나가게 되지. 목 앞쪽을 당겨서 잡아주는 근육들이 약화가 되어 있어서 이중 턱이 생기게 되는 거야. 거북이 목에, 이중 턱이라 아찔하군.

지영씨 그 정도예요?

비너스 그럼! 이중 턱, 목주름 다 그런 자세에서 생기는 거야! 요즘 시술을 많이 한다고 하는데 아무리 해봐야 그 자세가 계속 반복이면 또 똑같아. 또 생겨. 예방이 가장 좋은 방법이라고!

지영씨 오호! 시술할 돈이 없어서 안한 건데 비너스 님 만나기 전에 안 해서 다행이에요!

비너스 그리고 허리가 구부정하면 복근을 계속해서 단축시키기 때문에, 소화도 잘 안 될뿐더러 순환이 잘 안 되기 때문에 뱃살도 자꾸 나오게 되지. 자세가 곧 체형을 만들어. 지금의 지영씨 자세는 과거의 지영씨 습관들이야. 몸에서 잘 안 쓰이는 곳은 결국 지방이 쌓이게 되거든.

지영씨 헉! 제 울룩불룩 속옷을 뚫고 나오는 등살도 그럼 자세에서 시작되는 건가요?

비너스 음. 그렇다고 볼 수 있지. 매일 구부정한 등은 척추 뒤쪽의 등 근육을 쓰지 않게 만들지. 심지어 근육이 계속 늘어난 상태에서 자극을 받으니, 등과 허리 통증도 생기기 쉽지. 등 부분을 흉추라고도 표현하는데, 흉추에서 시작되는 신경들이 하지까지 연결이 되거든. 하지 통증이랑도 밀접하게 연결이 돼 있어.

지영씨 와~ 정말 인체의 신비네요. 이런 부분들을 보통 사람들은 정말 모르잖아요. 알면 그렇게 안 좋은 자세는 하지 않을 텐데.

비너스 그렇지. 몸을 아는 것부터가 모든 회복의 시작이야. 모르면 사기당하기도 딱 좋지. 아는 만큼 보이는 법이야.

지영씨 맞습니다!! 비너스 님! 앞으로도 잘 부탁드리겠습니다!

4교시

아름다운 비너스의
리얼라인 레시피

지영씨의 일상은 전과 비슷하게 흘러갔지만, 전에는 의식하지 못했던 자신의 자세와 습관에 대해 의식하기 시작했다. 다리를 꼴 때나, 구부정하게 앉아 있을 때 비너스 님의 말이 떠올랐다. '지영씨! 그대의 그 습관이 체형을 만든다고!' 비너스 님의 말은 생각보다 강렬했다. 음성지원이 되는 듯 순간순간 떠올라 자신도 모르게 조금씩 나쁜 습관을 버리고 있었다. 지영씨는 궁금했다. 좀 더 빨리 좋아질 수 있는 방법은 없을까?

지영씨 비너스 님! 비너스 님! (부르면 나와주시나?)

비너스 (응답이 없다)

지영씨   아름다움과 사랑의 신이시여! 나와 주시옵소서.

비너스   …….

지영씨   아, 뭐야. 자기가 오고 싶을 때만 오는 신이야? 진짜 신 맞아? 쳇, 흥이야. 궁금한 게 엄청 많은데, 어디로 간 거야 대체.

비너스   지금 내 욕 한 거야?

지영씨   뭐예요. 다 듣고 있었던 거예요?

비너스   내가 신이라고 몇 번을 말해. 내가 곧 지영씨라고. 지영 씨가 하는 말과 행동, 하나하나 다 알고 모든 정보가 저 장되고 있어.

지영씨   소, 소름.

비너스   어서 빨리 이 수업을 끝내고, 지혜의 신을 불러와야겠 어. 많이 혼내라고 전달할 거야.

지영씨   으아… 죄송합니다. 비너스 님! 비너스 님 때문이에요. 몇 번 불렀을 때 나오셨으면 제가 이런 욕을, 아니 이런 투정을 안 부렸을 거예요.

비너스   얼렐레. 이제 남 탓까지~ 말습관의 신도 예약되셨습니 다. 고객님. 저희 신 연합회에서 평생 고객으로 모시겠 습니다.

지영씨   한 번만 봐주세요. 제가 생각이 짧았습니다. 열심히 해 보고 싶어서 불렀다고요.

비너스   그렇다면, 한번은 넘어 가주지.

지영씨   아싸! 감사해요. 비너스 님. 저번에 알려주셨던 거 하다 보니까 궁금한 게 많아졌어요. 바르게 앉으려고 하니까 어디다 힘을 줘야 하는지도 잘 모르겠고 맞게 하고 있는 건지도 잘 모르겠더라고요. 다리 꼬는 거랑 짝다리 하는 건 안 하려고 최대한 노력하고 있는데, 그러다 보니 더 모르겠어요. 서 있을 때도 체중을 어디다 실어야 하고 어디다 힘을 주어야 하는지 잘 모르겠어요.

비너스   오, 좋아! 그런 궁금함이 앞으로 더 많이 생겨야 해. 그 런 의문들이 결국 자기 자신의 몸을 이해하는 시작점이 거든.

지영씨   하긴 예전에는 몸에 대해 궁금한 게 하나도 없었어요. 아는 게 없었으니까. 나이 들어가니 군살도 늘어나고 여 기저기 아픈 곳만 생기니 짜증만 날뿐이었죠. 뱃살이 나 와서 혼자서 복근 운동을 열심히 한 적이 있는데 다음날 허리가 너무 아파서 움직이지도 못했어요. 아예 침대에 서 일어나질 못했다니까요. 그러니 뭐 할 엄두도 안 나고, 다 싫었죠.

비너스   원래 마음과 몸은 유기적으로 연결되어 있어서 몸이 아
프면 정신을 병들게 하고, 심한 스트레스는 몸을 병들게
만들지. 건강한 신체에서 건강한 정신이 나온다는 말도
있잖아.

지영씨   맞아요. 우울증인가 했어요. 친구들 만나러 나가는 것조
차 싫었으니까요.

비너스   그렇지! 그 상황이 되면 내가 무엇 때문에 우울한 건지
도 잊어버리지.

지영씨   비너스 님, 내 마음에 살고 계신 가봐요. 흑흑.

비너스   이제 건강한 몸이 얼마나 중요한지 알게 되었지? 습관
처럼 달고 다니는 크고 작은 통증들은 지속적으로 자신
을 괴롭히게 되는 거야. 그래서 통증에 귀를 기울이는
게 아주 중요해. 내 몸이 주는 아주 좋은 신호거든. 통증
이 언제 어떻게 생기는지만 알고 있어도 원인을 찾을 수
가 있지. 병원을 가든, 운동을 하든, 건강 전문가와 소통
을 위해서는 통증 묘사 스킬이 중요해. 무릎이 아프다고
했지?

지영씨   네!

비너스 통증이 언제부터 시작되었고, 어떻게 아프고, 언제 가장 아프며, 어떤 자세를 취할 때 가장 힘들지?

지영씨 음…. 한 7~8개월 된 거 같아요. 그리고 한 달 전쯤인 가? 둘째 아이가 독감에 걸려서 밤새 아픈 적이 있었는 데 그때 제가 둘째 아이를 몇 시간씩 업고 있었거든요. 그 후부터 더 심해진 거 같아요. 평소에는 계속 아픈 건 아니고요. 중간중간 서 있거나 걸을 때 순간 악 소리 나 게 아플 때가 대부분인데, 많이 걷거나 뛰는 날 밤에는 욱신욱신 쑤시는 느낌이 들 때가 많아요. 무릎이 좀 뜨 거워지는 것도 같고요. 보통 오래 서 있거나, 많이 걷거 나 할 때 가장 아파요.

비너스 음. 앉아 있을 때나 누워 있을 때는 괜찮고?

지영씨 네. 안 쓰면 거짓말처럼 괜찮아요. 그런데 어제 좀 열정 적으로 아침에 조깅을 했더니 어젯밤 잠잘 때 좀 욱신욱 신 거리더라고요. 지금도 좀 욱신거리는 느낌이에요.

비너스 그렇다면 무릎 주변 근육의 과사용으로 인한 것일 가능 성이 크긴 한데, 일단 첫 번째 비책으로 아이스 타월부 터 써보자.

지영씨 뜨거운 찜질이 아니라 아이스 타월이요?

비너스   그래. 아이스 타월. 수건을 물에 적셔서 물기가 없을 정
        도로 꽉 짠 다음 비닐팩에 넣어 냉동실에 몇 개 넣어둬.
        차갑게 되면 무릎 윗부분과 왼쪽 무릎 바로 아래 왼쪽에
        보면 손가락으로 누르면 푹푹 들어가는 근육 있는 부분
        있지? 뼈 말고. 그 부분에 아이스 타월을 대줘.

지영씨   네. 해볼게요.

비너스   좀 어때?

지영씨   좀 편해졌어요. 욱신거리는 느낌은 이제 없어요.

비너스   자, 그럼 이제 두 번째 비책으로 가자. 1교시 때 배운 힙
        힌지 잘 기억하고 있지? 엉덩이 근육을 사용하기 시작
        하면 무릎으로 가는 부담이 훨씬 줄어들어. 엉덩이 근육
        특훈 준비됐지?

지영씨   네!

비너스   그 움직임을 쓰는 느낌을 알려줄게. 잘 따라와.

지영씨   네!

비너스   브릿지라는 동작을 해본 적 있어?

지영씨   아!! 알아요! 브릿지! 교각자세 였던가?

비너스   맞아!! 오랜만에 다시 마음에 드는군.

지영씨   에에헤이~ 오랜만이라니요. 항상 마음에 드셨을 텐데

요. 히히.

비너스 너스레가 참 늘었어. 잘난 척하지 마. 빨리 지혜의 신을 모셔 와야겠어.

지영씨 또 그러신다~~. 아무튼, 브릿지 알아요 비너스 님.

비너스 지금 바로 그 동작을 한번 해봐!

지영씨 이렇게요? 엉덩이를 들고 등부터 동그랗게 내리기. 짠! 잘했죠?

비너스 맞아! 잘했어. 지금부터 조금 다른 느낌의 힙힌지 모션 을 이용한 브릿지를 알려줄게.

지영씨 네. 좋아요!

비너스 엉덩이를 들어 올릴 때는 똑같아. 다만, 엉덩이를 든다 고 생각하지 말고 엉덩이를 쓴다고 생각하고 올려봐. '엉덩이를 들어야 해!!'라는 것만 머릿속에 들어 있으면 대부분 허리 근육이나 허벅지 뒤쪽의 근육들 그리고 발 로 바닥을 차내는 힘이 복합적으로 더 쓰일 수 있거든. 우리가 원하는 건 순수하게 엉덩이 근육이 스스로 일을 할 수 있도록 하는 거야. 준비됐지?

지영씨   네. 비너스 님!

비너스   잘 올렸어! 완벽하진 않지만 그래도 아까보단 엉덩이 근
　　　　육이 좀 더 느껴질 거야.

지영씨   네. 맞아요!

비너스   그리고 내려올 때는 등부터 내려오지 말고 '엉덩이 근육
　　　　을 서서히 늘려서 내려온다'는 느낌으로 내려 와봐.

지영씨   잘 안되는데요.

비너스   엉덩이에 끝까지 집중을 하고 엉덩이 근육에 힘이 빠지
　　　　면 안 돼. 이걸 신장성 수축이라고 부르지. 엉덩이 근육

의 길이가 길어지는 수축. 이 부분을 간과하는 경우들이 많지. 운동을 해도 한쪽 방향으로만 쓰기 때문에 근육들이 단축된다고.

지영씨 네!! 여러 번 반복하다 보니 아주~ 아주 쪼끔은 알 것 같기도 해요. 어려워요.

비너스 계속 훈련하고 연습해야 해. 골프 선수들도 한 번의 정확한 스윙을 위해 무수히 많은 횟수를 반복 연습하지. 이제 처음으로 근육을 사용하는 운동을 하면서 한 번에 제대로 힘을 쓴다는 건 어려운 일이야. 더구나 40년 가까이 안 쓰고 살았으니까 얼마나 어렵겠어. 처음부터 조바심 내지 말라고.

지영씨 네! 계속 연습해 볼게요. 엉덩이 힘을 준다 생각하면, 엉덩이가 샥~ 올라가는데요? 이건 가요? 엉덩이 근육을 늘리면서 내려갈 때는 뭔가 엉덩이가 찡~ 하면서 아픈데요?

비너스 그래, 그거야! 엉덩이 근육을 쓰는 게 능동적인 형태가 되고 엉덩이가 올라가는 움직임이 더 수동적이 되는 개념!!

지영씨 오~ 진짜, 대박! 비너스 선생님! 신기해요. 마흔 가까

미모를 불러오는 비너스와의 1:1 리얼라인 레시피

이 살면서 처음 느껴보는 내 엉덩이에요. 나에게도 이런 엉덩이에 아픔이 존재한다니!

비너스 그래! 그렇게 몸의 중심축을 만드는 가장 큰 엉덩이 근육을 못 쓰고 살았으니 얼마나 무릎이 힘들었겠어? 무릎 혼자 일을 다 했겠지. 아픈 느낌이 들 때마다 무진장 힘들었을 무릎에게 "이 망할 무릎!" 하지 말고, 쓰다듬으며 "미안해, 고마워 무릎아."라고 말해줘. 이젠 엉덩이가 무릎의 과도한 일을 도와줄 테니까!

지영씨 오~ 이럴 때 진짜 신 같다니까요.

비너스 그래! 스스로 내 몸을 사랑해줘야 아름답고 건강한 몸이 되는 거야.

지영씨 네!

비너스 대부분 인간들은 어디가 아프면 '이놈의 어깨, 이놈의 허리!' 하는데, 사실은 다 자기 탓이지. 누구 때문에 관절들이 혹사당하는데!

지영씨 그러니까요. 누구 때문에 이렇게 혹사를 당하나 몰라요? (능청맞게)

비너스 (그런 지영을 째려보며) 그대지 뭐.

지영씨 (지영은 멋쩍은 듯 웃는다) 하하. 비너스 님. 다음 수업 계속

하시죠.

비너스   자! 넘어가고, 이제 그 동작을 무릎을 꿇고 한번 해보자!

지영씨   네!

비너스   무릎을 꿇고 앉아서 엉덩이에 힘을 주어 엉덩이를 세워. 브릿지 동작과 동일한 힘이야. 마찬가지로 이건 순수하게 엉덩이 근육의 힘이야. 내려갈 때는 마찬가지로 엉덩이 근육에 힘을 풀지 않고 서서히 늘리는 느낌을 느껴봐. 누워서 하는 브릿지와 같이 근육이 늘어나면서 아픈 느낌이 들어야 해. 이 자세에서는 허리를 쓰는지를 더 자세히 볼 수 있지. 한 손은 배 위에 한 손은 허리 위에 올려서 이 부분은 확실하게 고정하고 고관절만 움직이도록 해봐!

지영씨 와! 브릿지 동작을 하고 난 다음에 해서 그런지 바로 알 겠는데요!

비너스 잘했어!! 자 이제 서서 한번 해볼까?

바르게 선 자세에서 정수리부터 꼬리뼈까지를 일직선이 라고 생각해. 긴 막대기가 있으면 잡고 해도 좋아. 긴 막 대기가 없다면 머릿속으로 긴 막대를 몸 위에 그리면서 이미지 트레이닝을 하면 돼. 머리부터 꼬리뼈까지의 몸 통을 하나의 큰 통판이라고 생각하고 다리도 통판이라 고 생각해봐. 통판은 움직이면 안 돼! 고정이야. 그리고 몸통의 통판과 하체의 통판의 유일한 접점이 고관절이 고 그 고관절을 엉덩이 근육이 받치고 있는 거지. 2단계

와 똑같이 엉덩이에 힘을 준 상태에서 서서히 엉덩이를 뒤로 빼면서 늘려봐! 힘을 빼면 안 된다~ 명심해!

지영씨 꺄! 근데 허벅지 뒤가 엄청 당겨서 무릎이 구부러져요!

비너스 허벅지 뒤쪽 근육도 단축이 있어서 그렇거든. 괜찮아. 구부러지면 자연스럽게 구부리면 돼. 대신 일부러 먼저 무릎을 구부리는 건 안 돼.

지영씨 이렇게요? 서서 하니까 더 어려워요.

비너스 서 있을 때는 발목과 무릎관절까지 같이 참여가 되기 때문에 더 집중해야 해.

지영씨 엉덩이 근육만 가지고 맞죠?

비너스 맞아! 내가 제자 하나는 잘 키웠다니까.

지영씨 비너스 님 크큭… (언제는 나보고 잘난 척 하지 말라더니…)

비너스 왜? 왜? 왜?

지영씨 하하. 아니에요~ 재미있어서요.

비너스 (헛기침을 하며 화제를 돌린다) 흠흠. 자! 이제 이해됐지?

지영씨 네~! 머리로는 완벽 이해입니다! 하지만 정말 많이 연습해봐야 할 것 같아요!

비너스 하다 보면 점점 몸을 움직이는 게 재미있어지게 돼지. 자신의 몸을 스스로 조절하고 통제할 수 있는 건 무엇과

미모를 불러오는 비너스와의 1:1 리얼라인 레시피

도 바꿀 수 없는 재미거든. 그렇다면 생활 속 모든 자세에 이 힙힌지를 대응시켜 볼게! 서 있을 때는 항상 코어와 엉덩이에 힘을 가볍게 주면서 있으면 되고 의자에 앉았다 일어설 때, 아기를 들어 올릴 때, 빨래통과 같은 무거운 짐을 들 때, 그리고 세수할 때 기타 등등! 허리를 숙이는 동작이 있으면 무조건 힙힌지를 떠올리고 기억해!

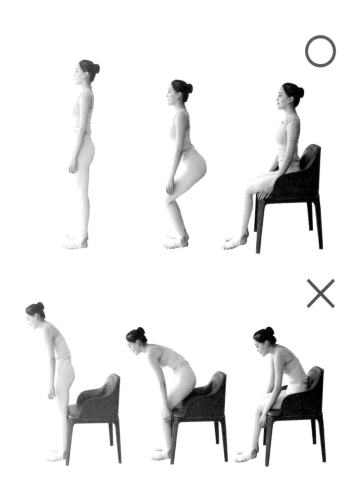

그렇게만 되면 운동이 일상이 되고, 일상이 운동이 되
어있을 거야. 그때부터는 몸을 쓰는 게 괴로운 일이 아

미모를 불러오는 비니스와의 1:1 리얼라인 레시피

니게 되지. 아이를 안아 줄 때도 엉덩이 운동이 되는걸?
아이 안아 주는 일이 아주 즐거울걸?

지영씨　와아. 그렇겠네요! 정말 감사해요. 비너스 님!!

비너스　정리하자! 진짜 올바르고 아름다운 몸의 라인을 만드는
리얼라인(RE-ALIGN/REAL-LINE) 레시피 3종 세트!
하나, 엉덩이를 항상 기억한다.
둘, 등을 가볍게 누가 뒤에서 잡아 주고 있다고 생
각하면 어깨도 앞으로 말리지 않는다.
셋, 배꼽을 허리 쪽으로 잡아당기듯 코어의 힘을
준다. (이건 2교시를 참고해) 이 세 가지만 알고 있다면 그
대는 근골격계 부상의 위험으로부터 꽤 안전할 거야!

지영씨　3종 세트 명심하겠습니다!

　지영씨는 리얼라인 3종 세트를 익힌 뒤부터 무릎이 훨씬 가벼
워졌다. 일하면서 받는 스트레스도 훨씬 덜하고 가벼운 외부 활
동까지 즐거운 일상이 되어가고 있었다. 주말 내내 키즈카페로
공원으로 아이들에게 끌려다녔지만 예전과 다르게 몸이 힘들지
않았다. 몸을 제대로 쓰는 법을 안다는 것이 지영씨에게 큰 일상
의 활력소가 된 듯하다.

5교시

소원을 말해봐.
어떤 주름을 펴줄까?

지영씨는 매일매일 거울을 보는 습관이 생겼다. 첫 번째는 스스로 자신감을 불어 넣기 위함이고, 두 번째는 변화하는 자신의 모습을 매일 눈으로 기억하고 기록하기 위함이었다. 얼굴에 활력도 생긴 것 같고 군살도 조금씩 빠지는 것 같은데, 쭈글쭈글한 주름들이 눈에 계속 거슬린다. 샤워할 때도 거울을 본 적이 없어서 그런지 유독 복부의 삼겹 주름이 눈에 띈다. 삼겹 주름도 마음에 안 드는데, 한쪽이 찌그러져 보인다. 유독 찌그러진 쪽의 뱃살이 더 많은 것도 같다.

지영씨   아니, 목주름도 찌그러져 있네? 삼겹살 같은 뱃살도 주름이 찌그러져 있더니. 자세히 안 봤는데, 신기하네. 주름 있는 것도 서러운데 삐뚤빼뚤한 주름이라니. 이것이 뭐시여 대체.

비너스 자세가 삐딱했다는 이야기지 뭐겠어.

지영씨 자세요? (이젠, 비너스 님이 갑자기 나타나도 놀라지도 않는다)

비너스 그래 자세. 그동안 그대가 즐겨 했던 턱 괴기, 허리 무너뜨리고 앉기 등 나쁜 습관들이 만들어 낸 결과물이지.

지영씨 와! 이렇게 심각하다고요?

비너스 그럼! 몇 년 동안이나, 그 자세를 반복했는데 살이 정말 없어서 삐쩍 마른 사람도 아니니 살과 살이 접히는 게 당연하지. 자주 접히고 오래된 부분에는 굵은 주름이 생기는 거고. 근래 들어 접히는 부분에는 옅은 주름이 생겼겠지.

지영씨 아니, 이건 무슨 나무의 나이테도 아니고.

비너스 나쁜 자세의 나이테지.

지영씨 대박 사건.

비너스 대박 사건은 무슨. 당연한 거야. 손목과 발목 그리고 팔꿈치! 또 손바닥, 손가락에는 주름이 아주 많잖아? 자주 접히는 부분은 당연히 주름이 많아. 잘 움직이기 위함이지만, 많이 움직이는 부분이라는 뜻이지. 뱃살에 주름이 많으면?

지영씨 뱃살을 자주 접는단 이야기네요….

비너스 그렇지~. 뱃살이 많은 체형 중에 오히려 배를 내밀고 허리를 구부정하게 안 접는 체형들은 뱃살에 주름은 없어. 배만 불룩 나와 있지. 아니면 가슴 바로 밑에 등이 굽어지는 라인에 주름이 있거나.

지영씨 와. 그런 거군요. 빼도 박도 못하는 증거가 되어 버리네요. 주름이.

비너스 맞아! 뒷목주름이 깊게 생긴 사람들은 머리가 앞으로 나와 있는 거북목인 자세를 항상 취하고 있을 가능성이 크고, 목 앞쪽의 주름이 깊게 잡힌 사람들은 고개를 숙여 뭔가를 자주 하는 가능성이 크지. 거기다 턱을 괴면?

지영씨 저처럼, 목주름마저도 비대칭이 돼요!

비너스 슬프지만… 딩동댕!

지영씨 아싸~ 가 아니죠… 그럼, 어떻게 해야 해요?

비너스 굵은 나이테는 한계가 있지만, 그래도 좋아질 수는 있지! 먼저 목 앞쪽 주름 먼저 펴볼까?

지영씨 네! 분부대로 하겠습니다. 저 이건 진짜 진짜 열심히 할 거예요.

비너스   대부분 목 스트레칭이라고 하면 뒤쪽에 많이 집중하는 데, 목의 통증 역시 원인은 앞쪽 근육의 단축으로 생기는 경우들이 많아. 앞쪽에도 목 근육들이 아주 많이 있거든. 첫 번째 동작은 이렇게 양손을 포개 양쪽 쇄골 중심을 눌러 고정시키고 치아를 앙 다물고, 턱을 하늘로 올려. 그럼 목 앞쪽이 전체적으로 모두 당기는 느낌이 들 거야.

지영씨   네. 이거 굉장히 시원한데요! 자주 할 수 있어요.

비너스   좋아! 두 번째는 한쪽씩 따로 늘려 주는 방법이야. 목 앞쪽이 많이 굳어 있는 사람들은 피부 상태도 오돌토돌하게 거친 상태인 경우가 많아. 순환이 잘 되면, 피부 상태도 좋아지게 돼. 이렇게 한 손을 한쪽 쇄골을 눌러 고정

시키고 고개를 반대쪽으로 돌려 턱을 천장을 바라보게
해. 이때도 위아래 치아가 떨어져서 턱이 내려오면 광경
근이라는 목 근육을 스트레칭할 수 없게 되어 효과는 반
으로 떨어져. 가볍게 치아를 살짝 물어 주라고.

지영씨 대박 시원해요. 손까지 시원한데요?

비너스 이 부분에 사각근이라는 근육이 있는데, 이 근육이 많이
굳어 있으면 혈관과 신경도 많이 눌리게 돼. 그래서 굳
어 있으면 팔과 손이 무겁고 심해지면 팔과 손이 저리는
것까지 생길 수 있지.

지영씨 목 디스크 탈출증이 아니어도 손이 저려요?

비너스 그럼! 저 부분으로 중요한 신경과 혈관이 다 지나가는
데, 근육 사이사이에 있지. 근육이 단단하게 굳으면 당
연히 신경과 혈관을 압박하기 때문에 경추 디스크 탈출

증과 유사한 증세를 보이게 되지.

지영씨 와! 한 번 더 인체의 신비를 느낍니다. 신기해요.

비너스 그럼, 이제는 뱃살 주름을 조금 펴볼까?

지영씨 좋아요!

비너스 몸통 앞쪽에 복근이 짧아져 있으면 허리를 구부정하게 숙이는 사세를 더 많이 하게 되지. 복근 스트레칭이야. 요가 동작에서는 코브라 자세라는 동작이지. 먼저 배를 바닥에 대고 누워서 양 손바닥을 가슴 옆쪽으로 두고 팔을 구부린 상태야. 그다음에 배의 힘을 이용해서 서서히 상체를 들어. 허리가 당기면 안 되고 치골부터 명치 사이에 당겨지는 자극이 느껴지도록 해야 해. 치골은 바닥에 붙인 상태에서 명치를 천장으로 들어 올린다고 생각하면 조금 더 쉬울 거야. 이 동작이 익숙해지면 몸을 틀어 반대쪽 발을 쳐다봐. 그럼 한 쪽씩 당겨지는 느낌이 집중적으로 느껴질 거야.

지영씨   이것도 정말 시원한데요? 주름 펴기 스트레칭 너무 좋

아요! 시원해요 정말!

비너스   서서도 짬짬이 할 수 있어! 두 다리를 붙이고 바르게 선

자세에서 골반을 앞쪽으로 보내면서 상체를 뒤로 젖혀

주는 거야. 마찬가지로 허리의 힘이 아닌 복근에 힘을

준 상태에서 복근을 늘려 주라고.

지영씨   네! 엎드려서 하는 게 더 스트레칭 자극이 강하게 느껴
         져요. 이건 배가 달달달 경운기처럼 떨리고요.

비너스   복근이 늘어나면서 수축하는 힘이 약해서 그래. 자주 반
         복하다 보면 움직임도 부드러워지고 복근에 생긴 깊은
         찌그러진 주름도 많이 사라질 거야.

지영씨   신기해요! 그럼 겨드랑에 있는 부유방도 아닌 것이 자글
         자글하게 있는 주름은요?

비너스   좋은 질문! 그건 복근 주름, 목주름과도 아주 연관이 많지! 가슴 앞쪽의 근육에는 대흉근과 소흉근이라는 근육이 있는데, 이 근육들이 단축이 생기게 되면 의지대로 어깨를 바로 펼 수 없게 되지. 그럼 겨드랑이에 밀집되어 있는 림프순환도 저하되어서 겨드랑이에 무분별하게 살이 붙게 되지.

지영씨   일명 겨살이라고 줄여서 많이 부르더라고요.

비너스   보통 엉덩이 뒤로 팔을 보내서 깍지 끼는 스트레칭을 많이 하는데, 그 동작은 오히려 어깨가 많이 굳어 있는 사람들은 하기도 어려울뿐더러 정확한 스트레칭 효과가 안 나. 그래서 처음엔 이렇게 손바닥을 정면을 보게 해서 팔을 뒤로 전체적으로 젖혀 주는 동작이 더 좋아. 팔의 각도를 다양하게 해주면 근섬유 하나하나를 다 자극해서 스트레칭할 수 있지.

지영씨   와! 꿀팁이에요. 완전! 매일매일 열심히 해볼게요! 미운

주름이 다 사라지는 그날까지!

6교시 ──────

여신이 어떻게
자는지 궁금해?

지영씨는 오늘도 늦게까지 잠들지 못했다. 지난주 둘째 아이의 유치원 문제 때문이다. 유치원에서 문제가 생겼는데 자식 일이라 그런지 더 예민하게 느껴진다. 이런저런 생각을 하다 보니 잠은 오지 않고 뒤척거리다 핸드폰을 본다. 포털 사이트에 자기와 유사한 사례들이 있는지 검색하다 보니 어느덧 시간이 흘러 새벽 세시 즈음이 되어서야 겨우 잠을 청한다. 요즘 며칠 이 패턴의 반복인 것 같다. 불면증 같기도 하지만 신경 쓰이는 일이 많아서 그렇다며 대수롭지 않게 넘긴다. 그리고 몇 주의 시간이 흘렀다. 이러한 패턴들이 반복되다 보니, 자고 일어나면 개운하지도 않고 목, 어깨도 결리고 머리도 무겁고 아픈 것 같다.

비너스   얼굴을 보니 며칠 동안 잠을 잘못 잔 거 같은데? 무슨 고민이 있나 보네. 고민한다고 당장 해결되는 것도 없으면서 생각을 내려놓기 참 어렵지?

지영씨   네. 어렵네요. 성격이 예민해서 뭘 하나 생각하면 끝을 봐야 한다니까요. 이럴 때는 어떡해야 하죠?

비너스   뭐, 고민스러운 일들은 차근차근 원인을 분석해서 하나씩 처리하면 되지 뭐. 원인을 찾아도 해결이 안 된다면, 다른 방법을 찾아야 할 테고. 그런 지혜의 부분은 다른 신한테 코칭 부탁해 놓을게. 그대가 고민을 밤새 한다고 당장 문제가 해결되는 건 아니잖아. 일단 좀 자야지. 수면 패턴이 깨지면 몸이 또 망가지기 시작한다고.

지영씨   네. 그런데 자는 게 그렇게까지 중요한가요? 밤에 못 자면 낮에 잠깐 자면 되죠 뭐.

비너스   아니야. 잠은 잘 때 자야 해. 밤과 낮이 나뉜 이유는 밤새 쉬면서 낮 동안 소모하고 소진된 에너지를 회복시키기 위함이라고.

지영씨   아! 그렇군요. 비너스 님! 몰랐어요. 그냥 하루에 7~8시간 정도 자기만 하면 되는지 알았죠.

비너스   규칙적이고 일정한 수면 패턴은 백 첩의 보약보다 더 이

롭다는 말이 있지. 왜냐하면 호르몬 때문이야. 몸에서 나오는 호르몬은 그 어떤 약보다 뛰어난 효능을 가지고 있어. 인간의 몸에서 나오는 최고의 치료제를 왜 없애버리려는 거지?

지영씨 ……

비너스 인간들이 한 조사도 있어. 한 예를 들면 하버드대에서 진행되었던 수면 연구에서 인간의 체내 시계는 24시간 11분으로 각인되어 있는데, 실제 24시간과의 오차를 조정하기 위해서 햇볕을 이용해. 아침에 일어나서 햇볕을 쬔 뒤 15시간 뒤쯤 잠에 들 때 멜라토닌이라는 호르몬을 분비하게 하지. 생체 시계는 빛으로 시작이 돼. 멜라토닌은 치료 호르몬이라고도 하고. 자는 동안 뇌와 몸에 쌓인 피로를 회복하는 데 도움을 주는 호르몬이야. 또한 이 멜라토닌은 프리라디칼이라는 물질을 만들어 내기도 하는데 암, 당뇨, 뇌졸중 등 다양한 성인병에도 작용하는 산화 물질을 제거하는 큰 역할을 하고 있지. 멜라토닌이 잘 분비되지 않는다면 산화 물질들이 몸속에 증가하게 돼. 활성산소와 같은 산화 물질은 여러 질병에 원인인 거 알고 있지? 그런데, 더 중요한 것은 스마트폰에

미모를 불러오는 비너스와의 1:1 리얼라인 레시피

서 나오는 불빛을 우리 뇌에서는 빛으로 인식해서 낮으로 착각하게 돼. 그래서 자는 동안 멜라토닌 분비가 되지 않는 거야. 밤에 잠들기 전에 스마트폰을 본다는 건 생각보다 큰 문제가 돼.

지영씨 음! 잠도 역시나 단순한 게 아니었군요.

비너스 '잠은 보약입니다.'라는 광고가 괜히 나온 게 아니야. 정말 보약이거든.

지영씨 그렇군요.

비너스 또 다른 호르몬들도 수면과 아주 밀접해. 코티졸이라는 호르몬이 있어. 이 호르몬은 아침 6시부터 8시 사이 기상 시 가장 왕성하게 분비가 돼. 이 호르몬은 우리 몸을 깨워주는 각성 호르몬이야. 스트레스 호르몬이라고 불리기도 하는데, 아침에 작용하는 것은 적당한 활력을 위한 스트레스고, 밤에 걱정, 고민, 근심들로 분비되는 것은 몸에 치명적인 스트레스 호르몬이 되는 거야. 아침 6시에서 8시 사이에 기상이 아닌 늦은 시간까지 잠을 자고 나면 더 피곤한 이유가 될 수도 있어. 이 코티졸 수치가 밤에는 떨어져야 숙면에 들 수 있거든. 코티졸 수치가 높은 상태에서 수면에 들게 되면 숙면에 들기가 어려워지고, 잘 깨거나 꿈을 많이 꾸게 되는 거야.

지영씨   밤에 걱정 안 하는 게 좋긴 하겠네요. 근데 아무도 안 자는 고요한 밤에 꼭 그렇게 생각이 깊어져요. 이상하죠.

비너스   조금 어렵겠지만, 스마트폰을 최대한 멀리해봐. 스마트폰에서 나오는 불빛, 가전제품에서 나오는 불빛들, 그리고 창가에서 새어 들어오는 가로등 불빛 또한 숙면을 방해하는 요소니 그런 빛들은 철저히 차단해 놓도록 해. 암막 커튼을 이용하면 더 좋아.

지영씨   네. 비너스 님! 해볼게요!

비너스   그래. 깊은 수면에 들어야지만 성장 호르몬도 분비가 돼. 숙면 호르몬은 잠자는 시간보다 깊은 숙면에 얼마만큼 안정적으로 들어가느냐에 따라 분비량이 차이가 나. 성장 호르몬은 키 성장뿐 아니라, 신체의 모든 세포의 회복과 면역력 향상, 그리고 우리 몸이 일정하게 건강한 상태를 유지하도록 돕는 호르몬이야. 운동할 때도 많이 증가하여 분비되니까, 하루 중 가벼운 운동도 아주 도움이 되지.

지영씨   그렇군요. 비너스 님.

비너스   또한 이 성장 호르몬은 단백질의 합성을 증가시키고, 지방의 분해까지 촉진한다고 하니 잠을 잘 못 자는 사람들은 날씬하고 아름다운 몸을 갖기 더 어려워지는 거지. 쉽게 이야기해서 피부 재생도 안 되고 주름도 생기고 살도 찌고 근육도 잘 안 생긴다는 말이야.

지영씨　와! 꿀잠을 잃으면 최악 4종 세트를 얻게 되네요.

비너스　그렇지. 이제 꿀잠이 얼마나 중요한지 알겠지?

지영씨　네!

비너스　그리고 이 숙면을 위해서는 몸의 체온 역시 중요한 역할을 해. 신체 온도가 살짝 내려갈 때 숙면을 취할 수 있는데, 손과 발로 열이 발산되면서 심부열이 살짝 내려가는 상태가 숙면을 하기 좋은 상태거든.

지영씨　그럼 뜨끈뜨끈하게 자는 게 좋지는 않겠네요?

비너스　그렇지. 적정 온도 24~25도 정도를 지켜주는 것이 가장 좋아. 너무 추워도 잠을 설치게 되지.

지영씨　저는 잠이 안 올때 가끔 맥주를 마셨는데, 오히려 그럼 잠이 더 안 오더라고요. 가벼운 취기가 숙면에 도움이 될 줄 알았는데, 말씀을 듣고 보니 그게 체온과 연관이 있었던 거네요. 술을 마시면 몸에 열이 올라 잠이 오지 않는다. 맞죠?

비너스 그래. 알코올은 심부열을 올리기 때문에 자기 전에 마시는 건 도움이 되지 않아. 느끼기에 기분 좋을 정도의 미지근한 물로 샤워를 하면 잠들기 직전 신체 온도가 살짝 내려가면서 숙면에 들기 쉬워져. 사우나와 같이 심부열까지 올리는 것들은 오히려 숙면을 방해하는 요소로 작용하기도 해.

지영씨 그렇군요.

비너스 조금 힘은 들겠지만, 오늘부터 잠이 안 오더라도 스마트폰은 멀리 두고 좋은 생각을 하며 잠을 청하도록 해봐. 모든 문제가 다 해결이 되었고 모든 게 평안해진 그대의 모습으로 말이야. 그대가 더 예뻐지고 건강해져서 오히려 더 좋은 일들이 생기는 상상들. 너무 욕심부리지도 말고 너무 고민하지도 마. 그것도 어렵다면 그대의 호흡에 집중해봐. 마시는 숨, 내뱉는 숨 하나하나 느끼다 보면 어느새 잠이 들어 밝은 아침이 올 거야.

지영씨 네! 비너스 님! 오늘 밤부터는 꼭 그렇게 해볼게요!

비너스 좋았어! 오늘부터 다시 꿀잠 자기 약속이다!

지영씨 네. 항상 감사드려요. 비너스 님.

비너스 뭘 이런 걸 가지고.

미모를 불러오는 비너스와의 1:1 리얼라인 레시피

지영씨   아니, 이쯤 되니까 이야기하는 건데 정말 비너스 님 안 계셨더라면 제 삶은 여전히 무겁고 어둡고 힘들었을 거예요. 몸도 마음도 말이에요.

비너스   하나하나 따라 하다 보면 어느새 건강한 지영씨의 모습을 넘어서 아름답고 우아한 지영씨를 발견할 수 있을 거야. 조금만 더 같이 힘내보자.

  지영씨는 지원군이 항상 옆에 있는 거 같아 마음이 꽤 든든해졌다. 중간중간 문제가 생기긴 해도, 도와줄 누군가가 함께하니 마음이 덜 힘들었다. 살아가면서 문제가 없을 순 없겠지만, 문제를 해결해 나가는 방식을 깨닫고 있는 지영씨다.

7교시

김지영 씨의
시계는 거꾸로 간다

화장한 어느 날, 지영씨는 오랜만에 현주씨와 점심 식사를 하기로 했다. 예전에는 마냥 우아해 보이는 현주씨가 부러웠는데, 이젠 지영씨도 그렇게 될 수 있을 거란 생각에 자신감이 생기기 시작했다. 현주씨에게 궁금한 것도 많고, 오랜만에 수다 떨 생각을 하니 내심 설레기도 했다. 예전에는 피해 의식 때문인지 우아하고 멋있어 보이는 현주씨가 마냥 질투도 나서, 몰래 남편에게 험담도 하긴 했었지만 이젠 그런 감정들도 사라져 편하게 만날 수 있게 되어 기분이 더 좋았다.

현주씨　지우 엄마 잘 지냈어요? 너무 오랜만에 얼굴 보여주는 거 아니에요?

지영씨   그러게요. 이래저래 좀 정신없었어요. 제가 바쁜 척 좀
          했죠? 하하.

현주씨   그러니까 말이에요. 얼굴 잊어버릴 뻔했어요. 바쁘면 좋
          은 거죠 뭐.

지영씨   앞으로는 자주 봐요. 연재 엄마~ 아니 현주씨. 그냥 우
          리도 이제 이름 불러요. 누군가의 엄마가 아닌, 각자 스
          스로 멋진 삶이 또 있으니까요?

현주씨   그래요. 너무 좋아요. 지영씨! 안 본 사이에 뭔가 좀 달
          라진 것 같아요? 얼굴도 좀 예뻐진 거 같고. 비결이 뭐
          예요? 좋은 피부과라도 다니나?

지영씨   아니에요. 피부과는 무슨. 그냥 좋은 생각 많이 하고
          또… 공부를 좀 했죠.

현주씨   공부?

지영씨   네. 공부요! 하도 여기저기 아파서 몸에 대한 공부를 좀
          해봤어요.

현주씨   와! 멋진데요. 제가 알려준 명상도 해봤어요?

지영씨   그럼요! 너무 좋더라고요. 몸에 대해 정확하게 알고 바
          른 자세를 공부하고 났더니 일상이 너무 편해졌어요.

현주씨   그래서 얼굴에서 뽀얗게 빛이 났나 봐요!

지영씨   그렇게 보여요. 정말?

현주씨   그렇게 보여요. 정말! 들어올 때 사실 깜짝 놀랐다니까요. 어디 가서 얼굴에 뭐 좀 하고 온 줄 알고. 좋은 성형외과 있으면 공유하자고 하려고 했지.

지영씨   아유! 현주씨는 말솜씨까지 뛰어나다니까요. 어쩜 이렇게 사람을 공중으로 둥둥 띄워요. 오늘 점심은 제가 낼게요.

현주씨   아니, 지영씨. 이거 빈말 아니고 진짜예요.

지영씨   감사해요. 근데, 요즘 SNS 보니까 예쁘고 날씬한 사람밖에 없어요. 다들 뭐 해서 그렇게 몸매 관리하는지 모르겠어요.

현주씨   그러게. 나도 참 궁금해요. 가끔 SNS 하는데, 보면서도 신기하더라고요.

지영씨   그러니까요. 현주씨도 참 날씬하잖아요. 비결이 뭐예요?

현주씨   저는 매일 운동해요. 아침에는 가볍게 조깅하고 저녁에는 퇴근하고 주 3회 이상 근력운동을 해요. 이것저것 해봤는데, 필라테스가 좀 잘 맞는 거 같아서 그거 요즘 하고 있어요. 나이 들수록 노력해야 하는 거 같아요. 근육이 계속 빠지니까 탄력도 없어지고 그렇더라고요.

지영씨 아! 저도 아침 조깅은 시작했어요! 현주씨도 꾸준히 운동하고 있었군요?

현주씨 아, 그럼요. 우리 나이에 근육운동 안 하면 큰일 나요. 근육 탄력이 떨어지면 피부 탄력도 바로 떨어지더라고요. 언제 같이 한번 뛰어요!

지영씨 너무 좋죠! 혼자 뛰기 좀 적적할 때 있었는데, 같이 하면 재미있을 거 같아요!

현주씨 그래요! 지영씨. 오늘 정말 잘 먹었어요. 다음엔 내가 쏩니다! 하하!

지영씨는 뭔가 한 대 얻어맞은 기분이었다. 날씬한 데는 다들 이유가 있었다. 괜히 날씬한 게 아니었다. 아무것도 안 하고 날씬한 현주씨를 시기했던 모습이 떠올랐다. 지영씨는 지금보다 더 건강하고 아름다워지고 싶은 욕구가 생기기 시작했다.

비너스 굿 애프터 눈!

지영씨 와! 비너스 님! 이제 척하면 척이네요. 그렇지 않아도 지금 비너스 님 생각하고 있었는데 신기해요.

비너스 나는 적재적소에서 지영씨를 돕는 비너스라고 하지. 하하.

지영씨 크큭. 비너스 님~

비너스 이 웅장하고 의미심장한 부름은 뭐지?

지영씨 헤헤. 저, 정말 더 예뻐지고 싶어요. 그냥 삐쩍 곯아서 마른 몸매가 아니라 정말 누가 봐도 탄탄한 몸매를 가진 그런 여자가 되고 싶어졌어요. 어떻게 하면 되죠?

비너스 지금, 지영씨가 그 해답 알고 있잖아!

지영씨 앗. 혹시 다른 비책이 있나 했어요. 역시, 다 꿰뚫어 보고 계셨군요.

비너스 그럼~ 당연하지. 몸은 정말 정직해. 하는 만큼 바뀌고, 하는 만큼 늘어. 가장 요행이 없는 작은 우주지. 몸은 거짓말을 안 해.

지영씨 역시, 그렇군요.

비너스 그럼! 피부에 주름이 생기는 것을 노화라고 하잖아. 근육도 노화의 과정이 있어. 근세포가 줄지. 나이가 들어가면서 근육을 구성하는 작은 근세포들이 줄어들기 때문에 근육량이 줄어들게 되는 거야. 그래서 나이가 들수록 근육을 단련 시킬 수 있는 운동들을 해주는 것이 중요해.

지영씨 어떤 운동을 해야 하죠? 헬스? 요가? 아니면 현주씨가 하는 필라테스?

비너스 어떤 운동이든 원리는 해부학에서 시작된 거야. 저항을 주기 위해 어떤 도구를 쓰냐, 근육의 가동 범위를 늘리기 위해서 어떤 동작을 하느냐의 차이인 거지. 웨이트 트레이닝은 덤벨, 바벨과 같은 무게 저항을 쓰는 거고, 필라테스는 스프링을 이용해 저항을 주는 거지. 둘 다 좋은 운동이야. 그것보다 중요한 것은 지영씨를 지도해 줄 강사의 역량이야. 요즘 이런저런 자격과정들이 많아져서 제대로 된 전문가를 만나는 것이 쉽지만은 않다고 하더라고. 상담도 여러 군데 다녀보고 꼼꼼히 따져보고 하는 것이 더 중요한 것 같아. 지영씨 몸을 나처럼 잘 이해해 해주는 그런 사람이면 좋겠어. 그렇다면 정말 좋은 트레이닝이 되겠지. 지영씨도 과거에 허리 아프고 무릎이 아픈 이력들, 그리고 지금 현재 몸 상태에 관해서도 자세하게 이야기해주고 해야 정확한 상담이 가능할 거야.

지영씨   그렇군요.

비너스   한국은 운동이 하나의 유행처럼 번지더라고. 필라테스가 지금 유행하고 있지만, 요가는 요가대로, 웨이트는 웨이트 트레이닝대로, 필라테스는 필라테스대로 각각의 장점과 단점이 존재하는데 지영씨에게 맞는 걸 선택하면 되는 거야. 조깅은 유산소 운동은 되지만, 근력을 강화하는 데는 좀 부족하거든.

지영씨   네! 그런 거 같아서, 뭔가 시작해보려고요. 남편도 이제 많이 도와줘서 시간적으로 여유가 생겼거든요.

비너스   그래?

지영씨   아니, 여유가 없어도 할 일을 효율적으로 끝내고 시간을 정해 운동을 해야 할 거 같다는 생각이 들어요.

비너스   역시, 많이 바뀌었어. 좋은 생각이야! 사실 시간 날 때 운동해야지 하게 되면 우선순위에서 운동은 뒷전이 되는 경우가 많지. 노화라는 과정에 접어들면서 가장 중요한 우선순위인데도 말이야.

지영씨   네. 그런 거 같아요. 좀 여유 있어지면, 시간이 좀 남으면 운동해야지 하고 항상 미루게 되더라고요. 그게 핑계처럼 되어 버려서 일만 생기면 그래 오늘은 애들 때문에,

그래 오늘은 남편 때문에 시작을 못 했네? 이렇게 책임을 넘겨버리게 돼요.

비너스   7교시까지 오니까 이젠 알아서 척척 깨닫네!

지영씨   그럼요. 이 만남이 정말 저를 돌아보는 계기가 됐어요. 나라는 사람, 지금의 나. 어쩌면 저 스스로가 벽을 만들어 버렸는지도 모르겠어요. '난, 이래서 안 돼. 저래서 안 돼. 희생해야 하니까 안 돼.'라는 벽 말이에요.

비너스   맞아. 혼자서 다 짊어질 필요는 없어. 지영씨의 건강도 삶도 아주 중요하거든.

지영씨   네. 맞아요.

비너스   참 기특하다 지영씨. 고마워. 이렇게 달라져서. 지영씨 신체 시계는 지금부터 거꾸로 간다. 열심히 하다 보면 매일 더 아름다워질 거야. 하지만, 지금도 충분히 예뻐 지영씨. 하지만, 아름다움은 무한대이니까… 화이팅! 중간에 또 내가 필요하다면 불러내도 좋아. 하지만, 지금 모습을 봐서는 당장은 내 도움이 필요 없을 것 같군.

지영씨   헤헷. 그런데 뭔지 모르게 서운해요. 아쉽고요.

비너스   지영씨의 외모 자존감이 바닥을 칠 때 아니고서는 만날 일이 없겠지만, 항상 내가 지영씨 옆에 있다는 것만 기억해. 우린 만나지 않는 것이 좋은 거니까.

지영씨   감사해요. 정말!

비너스   아프지 말고. 건강하게 아름다워지기! 그리고 행복하기! 아 참, 그리고 굿 뉴스! 내가 지영씨와 함께 하는 동안 고놈의 말버릇이 좀 별로여서, 다른 신들을 좀 섭외해 놨거든? 당분간은 좀 많이 수고해~ 하하. 나는 가지만, 그대의 공부는 계속된다. 투 비 컨티뉴.

지영씨   앗!!! 비너스 님! 감사했습니다.

바쁜 하루의 일상 속에서
자신에게 집중하는 시간을
조금씩 늘려나가다 보면
점점 아름다워지는 기적이 일어날 거예요.

두 번째 공부

뇌가 섹시해지는 아테나와의
1:1 책읽기

1교시 ——————

여자의 섹시함은
뇌에서 나와요

비너스로부터 건강하게 몸매 관리하는 방법을 전
수받은 지영씨는 하루하루 건강해지고 활력 있게 변하는 자신의
외모를 보며 자신감에 차 있다. 거울 속에 자신의 모습을 비춰보
며 한껏 심취해 있는데…

아테나   안녕, 지영씨?

지영씨   엄마얏! 누구세요?

아테나   나? 비너스에게 나 불러달라고 말하지 않았나?

지영씨   비너스 님에게 불러달라고 한 적 없는데….

아테나   그래? 난 또 섹시함이 필요한 여인이 있다길래 왔는

데… 옆집인가?

지영씨 　앗! 맞아요, 저예요! 그 섹시한, 아니 섹시함이 필요한 여인!!

아테나 　흠…(지영씨를 가만히 쳐다본다)

지영씨 　왜 그렇게 뚫어지게 보세요? 부끄럽게….

아테나 　섹시해질 준비가 되어있나 하고.

지영씨 　아휴~보고도 모르세요? 이미 비너스 님에게 완벽한 몸매를 훈련받아…

아테나 　그래, 평소에 책 좀 읽나?

지영씨 　네? 책이요? (갑자기 웬 책?)

아테나 　그래 책. 책 좀 읽어?

지영씨 　책을 언제 잡았었는지 기억이… 아니 책을 사본지가 언제인지도 잘….

아테나 　그래, 그렇지. 안 읽는 게 당연한 거야. 다 이해해. 살림하고 애 키우고 책 읽을 시간이 있는 게 이상한 거지, 안 그래?

지영씨 　맞아요. 역시 제 맘을 아시는군요. 감동입니다.

아테나 　뭘 감동까지. 흠. 그런 상황임에도 불구하고 이제 책을 좀 읽어야겠다고 생각한 이유가 있을 것 같은데?

지영씨　　저, 뭔가 잘못 알고 오신 것 같은데, 책 읽겠다고 한 적 없어요. 저는 그냥 다시 예전의 모습으로 돌아가서 매력적인 여자가 되고 싶다고 했는데요?!

아테나　　그래, 그 말이 그 말이지. 매력적인 여자가 되려면 책을 읽어야 하거든.

지영씨　　네? 그건 또 무슨 뚱딴지같은 소리예요? 뭐, 책에 나오는 몸매 관리, 화장법 이런 거 이야기하는 거예요? 그런 거라면 아까도 이야기했듯이 이미 비너스 님에게 다 배웠다고요. 눈앞에 보고도 모르시겠어요?

아테나　　와우! 우리 지영씨 자신감이 대단한데? 그래 그 자신감 좋았어! 그런데 섹시함은 외모에서 나오는 것도 있지만 그보다 더 끌리고, 상대를 더 설레게 하는 섹시함이 있어. 그게 뭔 줄 알아?

지영씨　　그런 게 있어요? 그게 뭔데요?

아테나　　바로 뇌에서 나오는 섹시함이지.

지영씨　　뇌에서 나오는 섹시함이요? 아니, 섹시함이 어떻게 뇌에서 나와요? 뇌를 눈으로 볼 수 있는 것도 아니고.

아테나　　지영씨~ 뇌섹남, 뇌섹녀 이런 말 못 들어봤어?

지영씨　　아! 들어봤어요.

아테나   그래, 그런 사람들 보면 어때?

지영씨   정말 멋있죠! 모르는 게 없더라고요. 그냥 걸어 다니는 검색창이던데요? 세상에 어쩜 저렇게 아는 것도 많고 말도 잘하고 표현도 다르고⋯. 마치 저랑은 다른 세상 사람 같아요. 어떤 상황에서든 당당하고 자신 있는 모습이 정말 부럽더라고요.

아테나   부러워만 하지 말고 지영씨도 뇌섹녀 한번 되어보는 거 어때?

지영씨   네? 제가요? 아휴, 제가 지금에 와서 무슨 공부를 해요? 살림하면서 애들 공부 봐주기도 힘든데 제 공부할 시간이 나겠어요? 설사 한다고 해도 무슨 자격증을 따야 할지, 어떤 공부를 해야 하는지도 모르겠고요. 아, 이젠 비너스 님에게 배운 운동도 꾸준히 해야 한다고요. 공부할 시간 정말 없어요.

아테나   그래, 그렇지. 지영씨 말이 맞아. 공부하지마. 시간도 없고 할 공부가 뭔지도 모르는 그런 공부는 하지 말아야지.

지영씨   헐, 뭐예요? 1분 전엔 뇌섹녀 되어 볼 생각 없냐면서 흔들더니⋯

아테나   공부하지 말고 책 읽어!

지영씨　또 책이에요? 책 읽으라고? 아니 다짜고짜 나타나서 책 읽어라, 그럼 제가 왜 책을 읽어야 하는지 그 이유를 말씀해 보세요.

아테나　이유는 무슨 이유? 다시 예전처럼 매력적인 여자가 되고 싶다며?

지영씨　아니, 그 이유 말고 더 자세하게 알려주셔야죠!

아테나　그래, 이제 나와 함께 하고 싶은 마음이 아주 조금 생긴 것 같네. 그럼 시작하기 전에 내 소개를 정식으로 해볼까?

지영씨　아, 그러고 보니 아직 누구신지도 잘 모르네요. 그저 책 읽으라고 강조하는 여신님이라는 것 밖에는!

아테나　인사하지. 난 지영씨에게 내면의 섹시함을 만들어줄 지혜의 신 아테나라고 해.

지영씨　네, 아테나 여신님 반가워요. 그럼 이제 책을 읽어야 하는 이유를 말씀해보셔요.

아테나　책은 지영씨를 매력적인 부자로 만들어주는 가장 빠른 통로가 될 거야. 앞으로 돈 써야 할 일도 많아지고 무언가를 선택해야 하는 순간도 많아지겠지? 그리고 뜻하지 않은 일이 생기기도 할 거고. 그럴 때마다 책이 방법도 가르쳐 줄 거고 새로운 기회도 가져다줄 거야.

지영씨   매력적인 부자? 책에 그런 방법들이 다 나와 있다고요? 와우! 그럼 그 방법을 알려주는 책들만 쭉~알려주시면 안 돼요? 빨리 읽어보게?

아테나   지영씨, 비너스랑 몸 만들 때 하루 만에 다 만들었나?

지영씨   그건 아니죠.

아테나   그럼 우리도 순서대로 천천히 진행해 보자고.

지영씨   네 그래요. 욕심부리지 않을게요.

아테나   일단 사람들이 책을 많이 읽어야 한다고 이야기하는 이유가 뭘까? 지영씨는 책을 왜 읽는다고 생각해?

지영씨   그야 뭐, 보통 지식을 얻거나 간접경험을 하기 위함이라고 하지 않나요? 뭐 시간을 때우기도 하고 잠 안 올 때도 유용하고… 아! 생각하는 힘을 키워준다고도 하더라고요.

아테나   그래 맞아. 책을 읽는 가장 큰 목적은 생각하는 힘을 키우기 위해서지. 다른 말로 생각 근육을 키운다고 하기도 해. 비너스랑 운동하면서 근육 키워봤지? 근육 키울 때 어떻게 했어? 하루에, 한 번에 많은 운동을 한 게 아니고 시간을 두면서 천천히 조금씩 키워나갔지? 생각 근육도 마찬가지야. 책은 생각의 넓이와 깊이를 마치 근육을 키우듯이 조금씩 천천히 키워주지. 그래서 꾸준히 많이 읽어야 한다고 이야기하는 거야. 그럼 왜 생각하는 힘을 키워야 할까? 생각하는 힘을 키워서 얻는 게 뭐가 있을까?

지영씨 음, 일단 생각을 깊고 넓게 하면 선택의 갈림길에 있을 때 올바른 판단을 하게 되고 더 좋은 선택을 할 수 있을 것 같아요.

아테나 그렇지. 그리고 또?

지영씨 또 내가 직접 경험하지 않은 것도 책을 통해서 간접경험을 할 수 있기 때문에 아는 것도 더 많아지고 그러면 어디 가서 꿀리지도 않고.

아테나 꿀린다는 표현보다는 자신감도 있고, 당당해지고 뭐 이런 표현을 쓰도록 해주기도 하지.

지영씨 아! 네. 그래요. 어디서든 당당하고 자신 있게 행동할 수 있을 것 같아요.

아테나 책을 통해서 지식을 얻고 생각력($力$)이 높아지면 사물을 보는 시야가 달라져. 우물 안 개구리에서 우물 밖으로 나와 진짜 하늘의 크기를 본 개구리의 시야가 되는 거지. 또한 간접경험을 통해 여러 가지 상황을 접할 수 있게 되면서 한 가지 현상도 다양한 관점에서 해석할 수 있게 되고. 그러면 조금 더 신중한 판단을 할 수 있고 다양한 의견을 전달할 수도 있어. 더불어 다른 사람들을 이해하는 폭도 넓어지지. 공감능력도 향상시킬 수 있는 거야. 또 지식의 깊이도 깊어지니까 누구와도 대화할 때 겸손하고 당당한 자세를 유지할 수 있지. 지영씨가 뇌섹남 뇌섹녀를 보고 부럽다고 했던 것도 이런 모습들 때문 아니었을까?

지영씨 맞아요. 당당하지만 잘난 체하지 않는, 뭔가 깊은 카리스마가 느껴지는 그런 인상이 너무 멋있고 섹시해 보이더라고요.

아테나 그렇지. 그런 모습에 상대방은 호감을 느끼게 되고, 주위에 사람들이 모이면서 자연스럽게 새로운 기회들이 찾아오는 거야. 그 기회들이 지영씨를 성공한 부자로 만들어주는 계기가 되는 거지.

지영씨 아하, 그래서 책이 저를 매력적인 부자로 만들어주는 통로라고 말씀하신 거군요?

아테나 그렇지. 비너스한테 아름다운 몸매도 선물 받았겠다, 이제 책으로 뇌까지 꽉 채우면 정말 섹시함이 넘쳐흐를 거야!

지영씨 와우! 당장 오늘부터 책을 읽어야겠어요!

아테나 그래, 그 마음으로 끝까지 한번 가보자고. 참, 연재 엄마 알지?

지영씨 현주씨요? 아테나 님이 현주씨를 어떻게… 설마 거기 먼저 다녀오신 거예요?

아테나 하하하. 역시 비너스 말이 맞았군. 연재 엄마 이야기하면 발끈한다더니. 연재 엄마 손에 항상 책 들고 있는 거 몰랐어?

지영씨 그랬어요? 알겠어요. 저도 결심했어요! 저, 이번 달에 일주일에 한 권씩 꼭 읽고 말겠어요! 두고 보세요!

아테나 너무 욕심내지 말고 천천히 해보자고. 자, 그럼 책 읽으러 가볼까?

2교시 ——————

욕심내지 말아요 그대,
하루 10분만 저와 함께 해요

지영씨 　그래 좋았어, 나도 지금부터 책을 읽는 거야. 그나저나 연재 엄마가 그렇게 책을 자주 읽었었나? 난 왜 못 봤지? 아휴, 이런 생각할 시간에 책 한 장이라도 더 읽겠네. 어디 한번 우아하게 책 좀 읽어볼까?

　지영씨, 책을 펼치는 순간 휴대폰 알람이 울린다. 6살 딸아이의 유치원 버스가 5분 후에 아파트 정문에 도착한다는 알림. 책을 다시 덮고 딸을 마중 나간다. 오늘은 현주씨도 아이를 마중 나와 있다. 그런데 가만 보니 현주 씨, 아이를 기다리면서 책을 읽고 있는 게 아닌가. 다가가지 못하고 그저 현주씨가 읽고 있는 책을 힐끔 쳐다본다. 꽤 두꺼운 책이다. 글씨도 작고 그림도 하나도 없다. 그런데 책을 읽는 현주씨의 모습이 마치 여신처럼 아름답게 보인다. 인사도 못 하고 책 읽는 현주씨 모습만 계속 쳐다보고 있다가 아이를 데리고 집으로 들어왔다. 집으로 돌아온 아이가 갑자기 자기도 책을 읽겠다고 한다.

지영씨　딸, 오늘 유치원에서 책 읽었어? 갑자기 왜 책이 읽고 싶어졌을까? (흐뭇)

지우(딸)　아까 예쁜 이모가 책 읽고 있어서 나도 따라 하려고. 나도 이모처럼 예뻐질 거야~~.

　　지영씨는 딸아이의 말에 당황스럽고 서운하고 현주씨에 대한 질투심이 불타오른다. 그러면서 더더욱 독서에 대한 욕구가 솟구친다.

지영씨　그래, 나도 책 읽는 예쁜 엄마로 거듭나겠어. 오늘부터 기필코 책 많이 읽는다. 진짜!

　　딸아이와 함께 책을 펼쳐 들자 이번에는 학원을 마친 8살 아들이 집에 왔고 벌써 저녁 식사를 준비할 시간이 되었다. 아이들 저녁먹이고 씻기고 숙제 봐주고 내일 준비물 챙겨주고 나니 어느 덧 10시. 남편은 오늘도 야근에 회식이란다. 아휴, 내가 못 살아 정말. 좀 일찍 와서 아이들을 같이 봐주면 얼마나 좋겠냐마는 회 사에서 온종일 스트레스를 받았을 남편을 생각하니 싫은 소리도 못 하겠는 게 현실이다. 말하면 뭐하나 싸우기만 하지. 남편 오 기 전까지 책을 읽어보려고 펼치는 순간 눈꺼풀이, 눈꺼풀이…

아테나   지영씨~ 지영씨?

지영씨   (화들짝 놀라며) 네? 당신 왔어요?

아테나   하하하. 지영씨 잠들었구나?

지영씨   아, 아테나 님이군요.

아테나   그래, 오늘 책은 좀 읽었어?

지영씨   하아, 말도 마세요. 남편 출근하고 큰애 학교 보내고 둘 째 유치원 보내고 청소하고 빨래하고 설거지하고 애들 간식 좀 만들고 났더니 오후더라고요. 책 좀 읽어볼까 했더니 둘째 하원하고, 책 좀 읽어볼까 했더니 큰애 하 교했어요. 씻기고 저녁 먹이고 숙제 도와주고 내일 준비 물 챙겨주고 재우고 나니 이 시간이네요.

아테나 와우, 지영씨 완전 철인이구나. 그래서 책은 못 읽었다?

지영씨 네, 보시다시피 시간이 없었잖아요! 남편이 일찍 와서 애들을 봐주는 것도 아니고.

아테나 흠. 그랬구나. 그런데 일주일에 한 권씩 읽고 말겠다고 굳게 다짐했던 어제의 지영씨와 사뭇 다른데?

지영씨 그러게요. 역시 책 읽는 긴 아무나 하는 게 아닌가 봐요. 특히나 저 같은 애 엄마는 도저히 시간이 없어요. 책은 그저 시간 많고 여유 있는 미스들이나, 부잣집 사모님들이나 읽는 거지…

아테나 하하하. 지영씨 백번 이해해. 특히 아이가 어릴수록 더 시간 내기 힘들지. 그런데 지영씨 있잖아, 연재 엄마 아까 아이 기다리면서 읽었던 책 오늘 다 읽었더라?

지영씨 네에? 그 책 완전 두껍던데! 연재 아빠가 일찍 들어왔대요? 아님 애가 하나라 시간이 좀 여유가 있나?

아테나 연재 아빠 오긴 왔는데 회식했는지 술 진탕 마시고 와서 오자마자 잠들었고, 연재 엄마도 연재랑 조금 놀다가 저녁 먹이고 씻기고 내일 준비물 챙겨주고 하던데? 내가 볼 땐 지영씨랑 저녁 일과가 다르지 않아.

지영씨 거 참 신기하네요. 그런데 어떻게 그 두꺼운 책을 한 번에 다 읽었을까요?

아테나 한 번에? 내가 오늘 다 읽었다고 했지 한 번에 다 읽었다고 한 적은 없는 것 같은데?

지영씨 네? 그건 또 무슨 말이에요? 아, 진짜 저 너무 놀리시는 거 아니에요?

아테나 이런이런! 내가 왜 지영씨를 놀리겠어. 그나저나 지영씨는 연재 엄마 말만 하면 너무 발끈하는 거 아냐? 지영씨도 충분히 멋진데, 아무래도 자존감 먼저 회복시켜줘야겠군.

지영씨 와우, 감사해요. 그나저나 아테나 님. 연재 엄마가 그 두꺼운 책을 다 읽은 방법이 뭐예요? 그걸 알려주셔야죠.

아테나 아, 그 방법? 10분! Just 10 minutes.

지영씨 네? 10분요?

아테나 응, 10분. 언제든 상관없이 하루에 딱 10분, 시간 날 때 딱 10분씩만 읽는 거야. 하루에 10분이면 보통 7장~10장 정도 읽을 수 있어. 그러면 책 한 권에 평균 200~300페이지 정도 한다고 했을 때 한 달이면 한 권을 충분히 읽을 수 있는 거지. 물론 시간이 허락된다면 더 읽어도 좋고. 내가 말하는 건 '최소 하루 10분'만 읽어도 한 달에 한 권은 충분히 읽을 수 있다는 거야. 그게 일 년이 되면 최소 12권은 읽는 거지. 뭐 이게 많은 거냐고 반문할 수도 있는데 일 년에 책을 한 권도 읽지 않는 대한민국 성인이 무려 40%나 된다고 해. 이유는? 읽을 시간이 없어서! 책을 읽는 시간을 따로 만들려고 하니까 없는 거지, 책 읽을 시간 지체가 없는 건 아니거든.

지영씨 　하루 10분이면 쉽게 할 수 있죠. 현주씨도 그럼 10분 읽기 활용해서 그 책을 다 읽은 거예요?

아테나 　그래 맞아. 그런데 한 가지 주의할 점은 진정으로 집중할 수 있는 10분을 만드는 게 더 중요해. 아무런 방해도 받지 않고 오롯이 책을 볼 수 있는 시간 10분을 만들었을 때 책의 내용을 제대로 받아들일 수 있어.

지영씨 　흠, 그렇다면 언제 읽는 게 제일 좋을까요? 아니, 연재 엄마는 언제 주로 책을 읽어요?

아테나 　와~ 지영씨, 연재 엄마 견제심이 대단한데? 아~ 아까 딸이 예쁜 이모 따라 한다고 해서 질투 났구나?

지영씨 　아니 뭐 꼭 그런 건 아니고요. (입을 삐죽 내민다)

아테나 　지영씨, 얼마 전에 연재 엄마 따라서 아침에 일찍 일어나서 명상한 적 있지? 그거 지금도 해?

지영씨   아, 명상요? 휴~ 제가 명상을 한 건지 앉아서 잠을 잔 건지 도통 알 수가 없더라고요. 명상인지 울상인지 그거는 저랑 안 맞아서 이제 안 하기로 했어요.

아테나   그거 다시 한번 해보는 거 어때?

지영씨   왜요? 아! 연재 엄마 아침에 책 읽는군요? 명상하고?

아테나   푸하하하하하. 흠흠, 내가 너무 크게 웃었네. 미안. 낮에는 아무래도 방해받는 요인들이 많아. 당장 스마트폰을 손에서 못 놓잖아. 무슨 일이 언제 일어날지 모르니까. 그런데 새벽은 누구에게도 방해받지 않고 오롯이 나에게 집중할 수 있는 시간이야. 그래서 그 시간을 활용하면 뭐든 할 수 있지. 새벽 10분은 낮 1시간과 맞먹는 집중력과 효율을 발휘해. 이런 말도 있잖아. '일찍 일어난다고 모두가 성공하는 건 아니지만, 성공한 사람들은 모두 일찍 일어난다.'

지영씨   그런데 새벽에 일어나자마자 비몽사몽 한 상태에서 책 보면 더 졸리지 않을까요?

아테나   그래서 내가 새벽 플랜을 짜줄게! 한번 해보겠어?

지영씨   네, 좋아요. 한번 해보겠어요.

아테나   일단 평소보다 30분만 일찍 일어나. 차가운 물 한 컵을 마신 후 양치를 해. 그러고 나서 요가나 스트레칭을 통해 간단하게 몸을 풀어주고 차분하게 앉아서 5분간 명상을 하는 거야. 처음에 명상할 때는 졸릴 수 있으니 명상 음악을 틀어놓고 호흡에만 집중해봐. 그 후에 책을 읽는 거지. 딱 10분만. 익숙해지면 일어나는 시간도, 명상시간도, 책 읽는 시간도 어렵지 않게 늘려갈 수 있지.

지영씨   아하. 알겠어요. 30분 일찍 일어나는 건 어렵지 않아요. 당장 내일부터 해볼게요.

아테나   좋았어. 아, 내가 한 말 중에 오해할까 봐 말해두는데, 내가 하루에 최소 10분이라도 책을 읽으라는 거지 꼭 10분만 읽으라는 것은 아냐. 시간이 허락되는 대로 한 시간 두 시간씩 읽어도 된다고. 알겠지?

지영씨   아휴 알겠어요. 그 정도는 알아듣는 다고요. 하루 최소 10분, 시간 날 때마다 책 읽기. 이왕이면 새벽에 일찍 일어나서 집중하며 읽기. 맞죠?

아테나   그렇지! 우리 지영씨, 똑똑해~

3교시 ─────

당신에게 딱 맞는
독서법을 추천해 드릴게요

새벽 독서의 뿌듯함에 한껏 빠져있던 지영씨. 그런데 오늘은 도무지 일어날 기미가 안 보인다. 이유인즉슨, 새벽 독서의 즐거움을 모두에게 알려주고 싶은 마음(현주씨 앞에서 당당해지고 싶었던 마음도 살짝~)에 작은아이 유치원 엄마들 모임에서 한껏 들떠서 이야기하고 있었다. 그런데 갑자기 한 아이의 엄마가 "그래서 지영씨 요즘 읽는 책 내용이 뭐야?" 하고 물었는데 왜인지 말이 안 나오는 거다. 당황해서 얼굴이 화끈거리는 찰나, 옆에 있던 현주씨가 제목을 물어서 알려줬더니 "아~ 그 책 저도 재밌게 읽었어요."라고 하면서 내용을 술술 이야기해 주는 게 아닌가! 게다가 엄마들이 지영씨 진짜 책 읽는 거 맞느냐며 책보면서 줄기만 한 거 아니냐고 깔깔대고 웃는데, 아휴 쪽팔려 진짜. 모임도 잘 안 나오던 현주씨는 하필 오늘 나올게 뭐람? 내가 두 번 다시 책 읽나 봐라.

아테나   하하. 꽤 상처받았겠는걸?

지영씨   상처만 받았으면 다행이게요? 으, 진짜 쪽팔려!

아테나   창피해서라고 표현하면 더 좋을 텐데.

지영씨   지금 그게 중요한 게 아니잖아요! 지혜의 신이라고 해서 시키는 대로 했는데 왜 책을 안 읽은 것처럼 되어 버렸냐고요! 엄마들 앞에서 거짓말하는 사람 되어 버렸다고요! 하필 현주씨 앞에서!!

아테나   하하하. 진정해 지영씨, 진정하라고. 알겠어. 무슨 말인지 어떤 감정이었을지 충분히 이해해.

지영씨   이래도 제가 새벽에 일찍 일어나서 책을 읽고 싶겠어요?

아테나   당연히 안 읽고 싶지~. 나 같아도 책은 두 번 다시 쳐다보기도 싫을 거야. 그럼 이제 책 읽는 거는 포기 하는 건가?

지영씨   네! 역시 독서는 아무나 하는 게 아니었어요. 아휴, 내가 무슨 부귀영화를 누리겠다고 꼭두새벽에 일어나서.

아테나   그래 뭐, 정 그렇다면 어쩔 수 없지. 근데 지영씨 지금 읽
        는 책이 찰스 두히그의 《습관의 힘》 아닌가? 그 책에 습
        관을 만들려면 꾸준히 해야 한다 뭐 이런 말도 있는 것
        같던데.

지영씨   맞아요, 습관의 힘. 좋은 습관을 만드는 건 처음에는 어
        렵고 힘들지만 그럼에도 불구하고 꾸준히 해야 한대요.
        그러다 보면 나중에는 좋은 습관이 자연스럽게 행동으
        로 이어진다고 하더라고요. 좋은 습관이 좋은 기회를 가
        져다주기도 한대요.

아테나   와우! 완전 잘 읽었는데? 모임에서 이렇게 말하지 그랬
        어. 그럼 습관의 힘을 아는 지영씨는 새벽 독서 포기하
        면 안 되겠네?

지영씨   네? 와… 아테나 님 이제 보니 사람 낚는데 선수시네요?

아테나   어허 낚았다니! 사람을 설득하는 데라고 좀 해주면 안
        되나?

지영씨   알았어요. 그런데 왜 그때는 책 내용이 하나도 기억이
        안 났을까요? 단순히 당황해서 그런 건 아닌 것 같은데,
        혹시 제가 책을 잘못 읽고 있었던 걸까요?

아테나   잘못 읽었다기보다는 그저 읽기에만 집중해서 내용 요

뇌가 섹시해지는 아테나와의 1:1 책읽기

약이 잘 안 되었던 것 같은데? 책도 효율적으로 읽는 방법이 몇 가지 있긴 해. 사람마다 성향도 다르고 좋아하는 것도 다르고 체질도 다른 것처럼 책을 읽는 방법도 각자 자신에게 맞는 방법을 찾아서 활용하면 더 쉽고 재미있게 읽을 수 있는데, 일단 3가지 방법을 추천해 줄게. 첫째, 장제목 별로 내용 요약하기. 책을 많이 읽는다고 하는 사람 중에 정작 읽은 책의 내용을 말해보라고 하면 제대로 말하지 못하는 사람들이 의외로 많아. 전체 핵심 내용이나 줄거리를 파악하지 못하고 그저 텍스트에만 집중해서 읽는 경우지. 이런 사람들에게 딱 좋은 방법, 각 장마다 핵심 내용을 세 줄 정도로 요약하는 거야. 핵심 내용을 잘 뽑으려면 일단 읽을 때부터 뭔가 방법이 달라야 하겠지? 내가 추천하는 방법은 책을 일단 더럽게 읽는 것.

지영씨   책을 더럽게 읽으라고요? 전 책에 낙서하거나 구겨져 있는 거 정말 싫어요. 왠지 헌 책 되는 것 같아서 아깝더라고요.

아테나   나중에 헌책방에 팔기라도 할 건가? 책을 정말 깨끗하게 읽는 사람들이 있어. 물론 그렇게 읽어도 내용이 다

입력이 되고 깨달음을 얻었다면 상관없지. 하지만 내 경험상으론 눈으로만 읽은 책은 나중에 제목도 기억이 안나는 경우가 많았어. 그래서 시간이 흐른 후에 같은 책을 두 번 구매한 경험도 있었고.

지영씨   푸하하하하하하. 아테나 님도 그런 경험이 있으세요? 뭐야 신이라더니 처음부터 책을 잘 읽은 건 아니었군요? ㅋㅋㅋㅋㅋㅋ큭

아테나   흠흠, 아무튼. 그래서 그다음부턴 책에 표시하면서 읽곤 하는데 일단, 중요하다고 생각되는 문장에 밑줄 긋기. 그리고 기억해야 할 페이지는 크게 접기, 여백에 내 생각을 짧게 메모하면서 책을 읽지. 어떨 때는 한 권의 책을 3~4번 반복해서 읽기도 하는데 그럴 때를 대비해서 밑줄 긋는 팁 하나. 처음 읽을 때는 연필, 두 번째는 파란색 펜, 세 번째는 빨간색 펜, 마지막 네 번째 읽을 때는 형광펜을 활용하면 제일 마지막에 형광펜으로 그은 게 제일 중요한 핵심이 되는 거지. 그러면 장별로 내용 요약하기도 훨씬 수월해져.

지영씨   (열심히 받아 적으며) 밑줄을 그으면서 읽어라, 기억하고 싶은 핵심 내용에 표시를 해라, 펜은 4개가 필요하고…

아테나 그리고 두 번째 방법은 전자기기 활용하기. 요즘 스마트폰 없이는 단 한순간도 살 수 없지? 일각에서는 스마트폰 때문에 책을 읽지 않는다고 이야기도 많이 하는데 그렇다고 스마트폰을 아예 없앨 수는 없잖아? 나는 스마트폰을 잘 '활용'하기만 하면 오히려 더 편리하고 쉽게 독서습관을 만들 수 있다고 생각해. 전자책은 많이 들어봤지? 거기에 요즘은 '데일리 북프로'나 '밀리의 서재' 같은 독서 앱들이 많이 개발되어 있지. 나의 독서 현황이나 상태도 쉽게 파악할 수 있고, 전자 서재에 읽은 책도 정리할 수 있고, 심지어는 내 취향에 맞게 책을 매주 한 권씩 추천해 주기도 해. 선택이 힘든 사람들에게 정말 유용한 서비스이지. 그리고 종이책처럼 밑줄도 그을 수 있고 필요한 내용을 메모기능으로 옮겨서 따로 저장할 수도 있어. 가방에 책을 들고 다니지 않아도 되고 시간과 장소에 구애받지 않고 어디서든 편하게 독서를 할 수 있다는 장점도 있어. 또한 종이를 만들 때 나무를 많이 베어야 하니 전자책이 환경 보존을 위해 더 좋다는 것을 어필하기도 해.

지영씨 와, 전자책. 맞아요. 스마트폰을 항상 들고 다니면서 책

볼 생각은 못 했네요. 아이 하원 기다리는 중에도 잠깐 볼 수 있고, 마트 계산대에서 대기하면서도 볼 수 있고. 아주 짧은 시간을 활용하기도 좋겠어요.

아테나   그렇지. 거기에 책을 읽어주는 리딩Reading기능도 있어서 듣는 독서도 할 수 있지. 운전할 때, 걸어 다닐 때, 운동할 때, 청소할 때 등 몸을 움직여야 할 때도 책을 들으며 읽을 수 있어. 시각 자료에 집중이 잘 되는 사람은 텍스트를 눈으로 직접 읽으면 되고, 청각 자료에 집중이 잘 되면 리딩기능을 통해서 듣는 독서를 하면 되는 거지. 상황에 맞게 둘 다 활용해도 되고.

지영씨   그러네요. 저는 여태까지 책은 무조건 종이책을 사서 읽어야 한다고만 생각했어요. 당장 스마트폰에 독서 앱을 내려받아야겠어요.

아테나   하하. 지영씨, 실행력 하나는 정말 끝내준다니까? 그럼 마지막으로 책을 읽고 싶게 하는 내적 동기를 유발하는 재밌는 방법 하나 알려줄게. 지영씨 혹시 적금 많이 넣고 있어?

지영씨   적금이요? 생활비도 빠듯해요. 그냥 남들 하는 정도만 하고 있어요. 왜요? 책 많이 읽으면 용돈 주실 거예요?

아테나   뭐래~. 그게 아니고 독서통장 하나 만들어 보라고!

지영씨   독서통장이요?

아테나   응, 독서통장. 통장을 하나 개설해서 책을 읽을 때마다 그 책의 이름으로 천원 또는 만 원씩 적금을 하는 거야. 그렇게 일 년을 모으면 통장이 또 하나의 독서 목록이 되는 거고, 모인 돈의 액수만큼 책을 몇 권 읽었는지 한눈에 알 수 있지. 연말에 그 돈으로 일 년 동안 책 꾸준히 읽느라 고생했다, 대견하다 하면서 본인에게 소소한 선물도 해주고.

지영씨   와우! 책도 읽고 돈도 모으고 나에게 선물도 하고 이거 너무 재밌는데요? 통장에 돈 넣고 싶어서라도 책을 막 읽을 것 같아요.

아테나   그렇지. 통장에 돈 모으는 재미도, 책 읽는 재미도 쏠쏠할 거야.

지영씨   아테나 님이 지금까지 말씀해 주신 방법들만 적용해 봐도 책을 좀 더 효율적으로 읽을 수 있을 것 같아요.

아테나   맞아. 책을 읽는 행위가 특별한 건 아닌데 어쩌다 보니 지금은 대단한 활동처럼 되어 버렸어. 오히려 독서를 할 수 있는 방법들이 더 다양해지고 편리해졌는데도 말이지. 책의 종류도 많아져서 선택의 폭도 넓어졌고. 어쩌면 독서라는 편견에 갇혀서 책을 멀리할 핑곗거리를 스스로 만들어 내고 있지 않나라는 생각도 드네. 자 그럼 오늘 배운 내용 정리를 한번 해볼까? 두 번 다시 모임에서 창피당하면 안 될 테니 말이야.

지영씨 당연하죠. 두 번 다시 그런 일은 없을 거예요. 첫 번째, 책의 장제목 별로 핵심내용 요약하기. 두 번째 전자기기 활용해서 책을 쉽게 많이 접하기. 세 번째 독서통장을 활용해서 내적인 동기부여하기. 맞죠?

아테나 오, 잘했어. 그리고 당부하고 싶은 한 가지. 책을 몇 권 읽었는지에 집착하지 말 것. 많이 읽는 것보다 얼마나 제대로 읽는지가 더 중요한 건 알고 있겠지?

지영씨 알겠어요! 아테나 님, 은근 잔소리 심하셔~. 호호 그럼 어제의 쪽팔림은 다 잊어버리고 다시 책 읽기 도전해 보겠어요. 알려주신 방법을 활용하면서!

아테나 그래, 근데 쪽팔린다는 표현만 안 하면 참 좋겠는데 말이지. 어쨌든 지영씨가 다시 자신감이 붙어서 정말 좋아. 자, 그럼 다시 열심히 읽어보자고.

4교시 ——— **끌리는 책은 따로 있더라고요,**
사람처럼

지영씨 (집에 책장을 살펴보며) 오늘은 어떤 책을 읽어볼까? 음,
이 책은 너무 어렵고, 이건 재미가 없어. 이 책은 왠지
두 번 다시 안 읽을 것 같고…. 흠, 읽을 책이 없잖아? 아
테나 님이 일단 읽을 책이 많아야 많이 읽는다고 해서
이것저것 사긴 했는데 왜 제대로 읽은 책도 없고, 읽고
싶은 책도 없지? 그럼 일단 애들 오기 전에 서점에 가봐
야겠다. (서점에 들어선 지영씨) 와~ 그새 또 신간이 이렇
게 많이 나왔어? 여기선 또 뭘 골라야 하는 거야. 일단
이번 주 베스트셀러 순위를 보고… 오호, 이 책이 지금
1위란 말이지? 고전이라 어렵긴 하겠지만 그래도 지금

1위 책이라고 하니까. 선택!

근처 의자에 앉아서 책을 읽기 시작하는 지영씨. 그런데 도무지 읽히지가 않는다. 분명히 한글로 적힌 문장인데도 이해도 안 되고 지겹기만 하다. 그러다 보니 어느새 또 눈꺼풀이 무거워지는데…

아테나   지영씨는 불면증이 없어서 좋겠다.

지영씨   (화들짝) 언제 오셨어요? 갑자기 웬 불면증?

아테나   책만 들면 어디서든 잘 자니까.

지영씨   아니 그게 아니고요. 이 책이 요즘 많이 읽는 책이라고 해서 저도 좀 읽어볼까 했는데, 도무지 읽히지가 않아요. 따분하고 졸리고…

아테나   지영씨가 관심 있는 분야의 책이 아닌 것 같은데?

지영씨   맞아요. 전 사실 고전은 아직… 그런데 여기 책이 너무 많아서 뭘 골라야 할지도 모르겠고, 더구나 지금 베스트셀러 1위라고 하니까 왠지 읽어야 할 것 같아서요.

아테나   흠~. 지영씨에게 이제 책 고르는 방법을 좀 알려줘야겠네. 요새 서점도 자주 가고 책도 많이 사는 걸 보면 책이 정말 좋아진 모양이야.

지영씨   그럼요~. 이렇게 지혜로우신 아테나 님께서 친히 함께 해주시는데 책이 안 좋아지면 안 되죠~. 그런데 책을 많이 사긴 하는데 제대로 재밌게 읽은 책이 몇 권 되지 않아요. 사실 제가 어디에 관심이 있는지, 어떤 분야의 책을 좋아하는지도 잘 모르겠어요. 그래서 서점에 와도 신간이나 베스트셀러 목록에 저절로 눈이 가더라고요. 거기에 유명하신 분들의 추천이 있거나, 방송에서 소개된 책이면 앞뒤 보지 않고 그냥 선택하는 경우도 많아요. 왠지 남들 다 읽는 책은 꼭 읽어야 책 좀 읽는다 하고 말할 수 있을 것 같거든요.

아테나   거기에 하나 더, 연재 엄마가 읽는 책은 꼭 읽어야지 우리 지영씨는? 그래서 연재 엄마가 추천해 준 책은 다 읽었어?

지영씨   아뇨, 읽다 말았어요. 그 책 더럽게 어렵더라고요. 어려운 책 읽고 또 잘난 척하려고 하나? 아 뭐, 그렇다고 제가 연재 엄마보다 수준이 낮다거나 책을 안 좋아한다거나 그런 건 아니에요!

아테나   나 그런 말 한 적 없는데? 그리고 더럽게 어렵더라고요가 뭐야, '정말 어렵더라고요' 이런 표현을 좀 하면 안 될까? 근데 지영씨는 현주씨 이야기만 나오면 아직도 계속 발끈하네? 지영씨 자체만으로도 정말 훌륭하고 아름다운 사람인데, 내면의 자존감을 좀 키워야 할 것 같아. 일단, 쉽게 읽을 수 있는 자존감 카테고리로 한번 가볼까? (자존감 관련 책이 진열되어 있는 평대 앞에 선 지영씨와 아테나)

지영씨   와~ 제목도 비슷하고 모두 자존감 높여준다고 하니… (순위 목록을 보며) 아, 이 분야에서는 이 책이 1위예요. 이걸로 읽어볼까요?

아테나   또 순위표를 보고 골랐군. 그래 한번 읽어봐.

지영씨, 책장을 넘기며 읽어보려 하지만 도무지 집중이 되지 않는다. 책을 펼쳤음에도 눈은 다른 책들을 힐끔거리며 들춰 보기도 하고, 평대 주위를 뱅뱅 돌기도 하고, 다른 사람들을 쳐다보기도 한다.

아테나   지영씨, 지금 책 읽고 있는 거 맞아? 그 책, 집중 안 되지? 안 읽히지?

뇌가 섹시해지는 아테나와의 1:1 책읽기

지영씨   네, 내용이 뭐 그렇게 썩 와 닿지는 않아요. 이 책이 어떻게 1위죠?

아테나   판매 순위가 책의 모든 것을 말해주는 건 아니야. 모든 사람에게 재밌게 읽히는 책은 아니란 말이지. 지영씨가 재미없다고 하는 이 책도 누군가는 큰 공감을 하고 깨달음을 주는 내용일 수 있어. 지영씨가 그 책이 지금 재미없는 건 작가의 생각과 지영씨의 상황이 잘 맞지 않기 때문이야. 지금 재미없는 이 책도 어느 순간 읽어보면 정말 공감하면서 "맞아, 맞아." 하는 때가 있을걸?

지영씨   나랑 맞고, 맞지 않는다? 나랑 맞는지 안 맞는지 어떻게 알 수 있어요?

아테나   그야, 많~~이 읽어보면 알 수 있지.

지영씨   아, 그런 뻔한 대답 말고요!

아테나   지영씨를 따라다니던 수많은 남자 중에 지금의 남편을 선택해서 결혼한 이유가 뭐야?

지영씨   와우, 눈치채셨군요? 제가 또 소싯적에 여러 남자 울리고 다녔더랬…

아테나   그래, 그래. 그래서 그 수많은 남자 중에 왜 남편을 선택했냐고.

지영씨   음, 글쎄요. 뭔가 특별한 건 없었는데 왠지 그냥 끌렸어
        요. 자꾸 마음이 쓰이고, 눈에 보이고, 이상하게 계속 관
        심이 가더라고요.

아테나   그래 그거야. 책도 이상하게 나한테 끌리는 책들이 있
        어. 책에 자꾸 눈길이 간다든지, 어? 하고 눈에 뜨인다든
        지, 제목만 읽었는데 재미가 느껴진다든지, 나도 모르게
        그 책으로 손을 뻗고 있다든지 하는 그런 끌림이 있지.

지영씨   손이 그냥 책으로 간다고요? 이상하게 끌린다고요? 하
        하하. 제가 무슨 신도 아니고 전 그렇게 촉이 발달하지
        도 않았는걸요?

아테나   내가 뭐 직감이나 영적인 그런 이야기를 하는 건 아니고
        나중에 《왓칭》이라는 책을 읽어보면 무슨 뜻인지 더 정
        확하게 이해가 갈 거야. 뭐 그건 그렇고, 내가 지금 하고
        싶은 이야기는 지영씨처럼 순위대로, 유행대로, 유명한
        저자의 책이라고 해서 끌리지도 않는 책을 무조건 읽어
        야 할 필요가 없다는 걸 말해주고 싶은 거야. 지금 당장
        은 아니어도 그 책을 읽고 싶어지는 시기가 반드시 오거
        든. 그때가 되면 그 책을 통해 더 많은 가르침과 깨달음
        을 얻을 수 있어.

지영씨   책을 많이 읽고 싶은데 책이 너무 많으니까 어떤 책을
         선택해야 하는지도 모르겠고 솔직히 말씀드리면 제가
         어떤 종류의 책을 좋아하는지도 아직은 잘 모르겠어요.

아테나   그렇다면 내가 진짜 읽고 싶은 책을 고르는 방법 몇 가
         지만 살짝 알려줄게. 우선 첫 번째는 책 제목을 훑어보
         고 저자에 대해 알아보기. 가장 쉬운 방법인데 일단 제
         목하고 책 표지를 쭉 훑어보면 눈길이 가는 책이 있어.
         제목이 확 와 닿는 것도 있고, 그럼 그 책을 집어서 저자
         소개를 먼저 읽어봐. 검색을 통해서 저자에 대해서 더
         깊게 알아봐도 좋고. 어떤 분야에서 활동하고, 어떤 생
         각을 가지고 있는 작가인지를 먼저 알아보는 거야. 그
         러면 이 사람 좀 끌리는데? 이 사람이 어떤 생각으로 이
         책을 썼을까? 말하고 싶은 게 어떤 건지 알아보고 싶은
         데?라는 생각이 드는 책이 있어. 작가의 이력을 보고 내
         게 필요한 정보를 줄 수 있는 책인지도 알 수 있고. 이렇
         게 저자에 대해서 흥미가 생기면 프롤로그를 읽는 거지.
         프롤로그에는 저자가 무슨 생각으로, 어떤 상황에서 이
         책을 집필했고, 이 책으로 전달하고자 하는 내용이 무엇
         인지 함축적으로 적혀 있어. 그리고 독자들에게 이 책을

어떻게 읽어라 당부하기도 하고, 이렇게 변화되었으면 좋겠다는 소망을 적어 놓기도 해. 그래서 프롤로그만 제대로 읽어도 책의 의도와 전체 줄거리를 쉽게 파악할 수 있어.

지영씨 　작가에 대해서 먼저 알아보고 그다음에 프롤로그만 읽어봐도 내가 흥미가 있는지 없는지 대충 감이 좀 오겠네요?

아테나 　그렇지. 흥미가 생겼다면 두 번째, 이번엔 목차를 꼼꼼하게 읽어봐. 목차를 건너뛰는 사람들이 정말 많은데 목차를 꼼꼼하게 읽어보면 책의 전체 줄거리를 파악할 수 있어. 목차는 이런 거거든. 저자가 '나 이 책에서 이런 내용을 말할 건데, 순서를 이렇게 전개할 거야.'라고 친절하게 설명해주는 내용 설계도라고 생각하면 돼.

지영씨 　저도 책 읽을 때 목차는 거의 뛰어넘는 편이에요. 책은 첫 장부터 읽는 거고 그러다 보면 내용의 흐름을 알 수 있는데 굳이 목차를 읽어야 할 필요가 있을까요?

아테나 　지영씨 TV 볼 때 프로그램 목록 검색하지? 심지어 지금 보고 있는 프로그램이 있음에도 불구하고 다른 채널에선 뭐하나 검색해 볼걸? 그러다 좀 더 재밌는 프로그램이 있으면 그 채널로 돌려서 보게 되고? 책의 목차를 TV 프로그램 목록이라고 생각해보면 왜 목차를 봐야 하는지 감이 좀 올 것 같은데?

지영씨 채널을 선택한다는 거와 연관이 있다면 책 목차 중에 관심 가는 페이지부터 읽어도 된다는 말씀이세요? 책은 첫 장부터 꼼꼼하게 읽어야 하는 거 아니에요?

아테나 책을 꼭 처음부터 끝까지 다 읽어야 할 필요는 없어. 어떤 경우에는 여러 권의 책 가운데서 나한테 필요한 정보만 쏙쏙 골라서 읽기도 해. 책을 읽는 이유는 내가 알고 싶은 정보를 구하고 깨달음을 얻기 위해서니까. 책한 권을 처음부터 끝까지 무조건 다 읽어야지만 정보와 깨달음을 얻는 건 아냐. TV 프로그램도 중간에 선택해서 보다가 재미있으면 끝까지 보지만 재미없으면 돌리잖아? 책 제목이나 저자에 관심이 생겨서 읽기 시작했어도 중간에 흥미를 잃는 경우가 생기는데 이런 상황을 목차 훑어보기로 예방할 수 있어. 목차 중에서 끌리는 부분을 먼저 읽어보고 관심이 생기면 쭉 읽으면 되는 거고, 아니다 싶으면 다른 책을 고를 수도 있는 거고.

지영씨 아하, 그러면 제목, 저자, 목차만 봐도 내가 알고 싶어 하는 책의 내용인지, 그리고 이 책에서는 어떤 내용을 얻을 수 있겠는지 아웃라인은 알 수 있겠네요?

아테나　그렇지, 거기에 하나 더 이야기하면 에필로그를 먼저 읽어보는 거야. 에필로그에는 책의 내용 정리뿐만 아니라 은근히 주옥같은 말들이 많이 쓰여 있지. 어쩌면 작가의 생각과 느낌을 가장 많이 공감할 수 있는 부분이기도 해.

지영씨　오~, 이렇게 훑어본 다음에 그 책의 내용을 더 자세히 알고 싶어지면 구매해서 읽으면 되는 거군요. 그게 바로 끌리는 책 이란 말씀이신 거죠?

아테나　맞아. 그리고 이렇게 검색하는 게 힘들면 유튜브 채널을 활용하는 방법도 있어. 요즘은 책의 전체 내용을 요약해서 소개해주는 채널도 많이 있거든. 책 소개 영상을 활용해서 미리 내용을 알아보고 선택하는 방법도 있지.

지영씨　이렇게 고른 책들의 목록을 쭉 살펴보면 내가 무엇에 관심이 있고 흥미를 느끼는지도 알 수 있겠네요? 그럼 그 분야에 대해서 더 깊이 공부를 할 수도 있고요?

아테나　이야, 대단한데? 벌써 거기까지 생각할 줄이야.

지영씨　책을 읽는 가장 큰 목적은 생각하는 힘을 키우기 위함이죠! 이거 어떤 지혜로우신 분이 처음에 알려줬었는데~

아테나   하하하하하 그래, 기억해줘서 고마워.

지영씨   이제 내가 어떤 책을 읽고 싶은지 알 수 있을 것 같아요.

물론 더 잘 읽을 수도 있을 것 같고요.

아테나   잘 이해해주니 정말 뿌듯해. 지영씨도 이제 지혜의 신이

될 수 있겠어.

5교시 —————

환갑에도 칠순에도
지금보다 더 매력적일 거예요

작은아이 도착 알림을 받고 마중 나온 지영씨. 현주씨도 먼저 나와서 기다리고 있다. '요즘 회사 일 때문에 안 보이더니 오늘은 시간이 좀 있나 보네. 가서 당당하게 인사해야지' 하고서 다가가는 찰나 현주씨가 활짝 웃으며 먼저 말을 걸어온다.

현주씨   지영씨는 볼 때마다 예뻐지는 것 같아요. 뭐 좋은 일 있어요?

지영씨   어머~ 그래 보여요? 특별히 하는 건 없는데. 호호호.

현주씨   지영씨 요즘 책을 많이 읽는 것 같더라고요. 그런데 궁금한 게 있는데, 왜 자기계발서만 읽어요? 다른 분야의 책도 읽어보면 좋을 텐데.

지영씨 책은 나를 더 성장시키기 위해서 읽는 거니까 아무래도 자기계발서가 많이 도움이 되죠. 소설이나 에세이는 좀 가볍지 않나요? 그저 재미를 위해서 읽는 것 같기도 하고요. (오~ 나 좀 있어 보이는데?)

현주씨 자기계발서가 당장의 스킬 향상을 위해 도움이 되는 건 맞아요. 저도 정보를 찾아야 하거나 뭔가 변화가 필요할 때는 자기계발서를 많이 읽거든요. 그런데 제 경험상으로 소설이나 시, 에세이도 함께 읽으면 생각이 더 유연해지더라고요. 당연히 사고력 향상과 시야 확장에도 많은 도움이 되고요. 자기계발서와 인문 고전을 함께 읽으면 깨달음을 더 깊이 얻을 수 있어서 좋아요. 지영씨가 요즘 책을 많이 읽는 것 같아서 꼭 이야기해주고 싶었어요.

지영씨 (건성으로 대답한다) 네, 고마워요. 참고할게요.

뭐야, 또 잘난 체야? 참나, 나보다 책 좀 더 읽었다고 지금 충고하는 거야? 인문 고전은 무슨…. 아니 그리고 내가 언제 물어본 적 있어? 왜 갑자기 충고하고 난리야. 이제 좀 잘 지내볼까 마음먹은 내가 바보지. 홍! 짜증 나 진짜. 지영씨는 심기 불편한 표정으로 계속 중얼거리며 현주씨에 대한 불만을 쏟아내고 있다.

아테나　　뭘 그렇게 혼자 중얼거리고 있어?

지영씨　　앗! 아테나 님, 언제 오셨어요?

아테나　　나? 난 항상 지영씨를 지켜보고 있는데? 내 눈길이 느껴지지 않아?

지영씨　　아 네네, 느껴지죠. 아니, 현주씨 가만 보니 잘난 척하면서 사람 짜증 나게 하는 재주가 있어요. 내가 무슨 책을 읽든 뭔 상관이래요? 자기가 지혜의 신도 아니면서…. 아 글쎄, 제가 자기계발서만 읽는다면서 소설도 읽고 시도 읽고 인문 고전? 이것도 읽어보라고 충고를 하잖아요. 저한테 도움이 많이 될 거라나 뭐라나~ (삐죽~).

아테나　　현주씨가 틀린 말 한 건 아닌 것 같은데?

지영씨　　아테나 님, 지금 현주씨 편드는 거예요?

아테나　　편들기는, 그런 거 아니야. 근데 지영씨 어제 저녁에 보니까 아들한테 김치 안 먹는다고 엄청 혼내더라?

지영씨　　아휴, 보셨어요? 아니 애가 반찬을 골고루 먹지를 않아요. 맨날 자기 입맛에 맞는 것만 먹고, (한숨 쉬며) 저러다가 키도 안 크고 체력도 약해져서 어디 가서 비실비실 거리고 무시당하지 않을까 걱정이에요.

아테나 휴~ 나도 마찬가지야. 난 지영씨가 입맛에 맞는 책만 읽는 독서 편식을 하고 있는 것 같아서 편협한 사람이 되어 어디 가서 무시당하지 않을까 걱정이야~.

지영씨 네? 독서 편식이오? 그게 무슨 말씀이세요? 아니 그리고 책을 이렇게 많이 읽는데 어디 가서 무시를 당해요?

아테나 응, 독서 편식. 본인에게 흥미가 있는 분야의 책만 너무 많이 몰입해서 읽는 것. 물론 책 읽기에 흥미를 갖기 위해서는 재미있거나 관심 있는 분야를 먼저 읽기 시작하는 게 좋아. 읽는 행위 자체에 습관을 들일 수 있거든. 여기서 조금 더 나아가서 독서를 하는 가장 큰 이유를 따져본다면 나는 3가지로 정의하고 싶어.

첫째, 간접 경험과 정보를 통한 다양한 지식 습득, 두 번째, 내면을 정화시키고 바르게 채워서 삶에서 진짜 중요한 걸 돌보며 살아가는 것, 그리고 마지막 세 번째는 고정관념에 사로잡혀 있던 내 생각을 깨부수고 생각의 시야를 넓히는 것이라고 말이야. 문제는 대부분의 사람들이 두 번째와 세 번째의 목적을 가지고 첫 번째의 목적에 맞는 책만 읽는다는 거지. 지식 습득만을 통해서 내면과 생각을 다 변화 시킬 수 있다고 믿기 때문이야.

지영씨 아테나 님, 그 말도 틀린 말은 아니지 않나요? 몰랐을 때와 알고 났을 때 생각도 변하고 시야도 변하는 게 맞잖아요. 옛말에 '아는 만큼 보인다.'라는 말도 있고요.

아테나 그렇지. 그 말도 틀린 말은 아니야. 그러면 지영씨 이렇게 생각해볼까? 같은 글씨로 같은 종이에 쓰는 글인데 '왜' 장르가 나눠졌을까? 책으로 깨달음을 준다고 하면 A는 B다 이렇게 정답을 알려주면 더 쉽잖아? 그런데 왜 굳이 소설, 시, 에세이, 인문 고전, 자기계발서 등으로 장르를 나눠놓고 다양하게 읽게 하는 걸까?

지영씨 그야 뭐, 취향에 맞게 골라서 읽어라 이런 거 아닐까요? TV를 볼 때도 다큐를 좋아하는 사람이 있고 예능을 좋아하는 사람이 있고 드라마를 좋아하는 사람도 있듯이 말이에요.

아테나 그럼 다큐를 좋아하는 사람은 계속 다큐만 보고 예능을 좋아하는 사람은 계속 예능만 본다면? 다큐는 실생활에 도움이 되는 내용이 많지만 예능은 그저 웃고 떠들고 즐기는 것이라는 생각만 하게 된다면? 물론 좋아하는 분야를 파고들면서 깊은 통찰력을 가지는 건 매우 중요한 일이야. 그런데 여기서 나타나는 함정은 다른 것은 배제한 체 오직 한 분야에 대해서만 파고들면 오히려 지식이 독이 되어서 잘못된 믿음과 편협한 생각으로 고집만 센 사람이 될 수 있어. 고집이 센 사람과 올곧은 사람과는 천지 차이야. 우리가 알고 있는 최고 전문가라 불리는 사람들도 다른 건 보지 않은 체 그 분야만 죽도록 파고든 게 아니잖아? 오히려 전혀 생각지 못한 곳에서 아이디어를 얻어 큰 성과를 낸 경우가 더 많지. 순수한 마음으로 주변을 둘러보고, 자신이 잘못 믿고 있었던 것을 과감하게 깨뜨리고 참된 진리에 다가서는 것. 그래서 정말 소중한 것이 무엇인지 깨닫고 그것들을 위해서 진실된 마음으로 살아가는 것. 이런 것들을 시나 소설, 에세이, 인문고전을 통해서 깨달을 수 있는 거야. 이렇게 삶을 변화시키는 게 책을 읽는 가장 큰 목적이기도 하고.

지영씨 그렇다면 아테나 님 말씀은 삶을 제대로 변화시키려면 일부러라도 다양한 장르의 책을 읽어봐야 한다는 건가요? 그런데 좋아하는 분야에서도 이런 깨달음은 얼마든지 얻을 수 있는 거 아닌가요? 참된 진리와 삶의 변화를 위한 목적으로 굳이 관심 없는 분야의 책을 억지로 읽는 게 오히려 더 안 좋은 거 아닐까요?

아테나 억지로 읽을 필요는 없어. 하지만 때로는 시나 소설에서 비유나 은유로 표현된 함축적인 문장들이 이게 정답이라고 직접적으로 말하는 것보다 더 큰 깨달음을 주기도 해. 그런데 그걸 발견하지 못하는 사람들은 글자 그대로 읽고 해석하는 수밖에 없지. 그렇게 되면 진짜 깨달음을 얻지 못하는 거야. 그야말로 책을 과시하기 위해서 읽는 것뿐이지. 그런 사람들의 삶이 책 읽는다고 달라질까? 그런 사람들이 제대로 된 가치관을 가지고 올곧은 인생을 살 수 있을까? 고집불통 똥고집에 요즘 말로 꼰대 되는 거 아닐까? 아마 현주씨는 이런 상황을 본인이 먼저 알고 있었기에 지영씨에게 다양한 독서를 해보라고 말해준 게 아닐까 싶네. 잘난 체하거나 지영씨를 짜증 나게 하려고 한 게 아니고.

지영씨 아테나 님 말씀 듣고 보니까 조금 공감이 되기는 해요. 현주씨가 본래 나쁜 사람은 아니니까요. 어쨌든 여러 분야의 책들도 함께 읽으면 제대로 된 진짜 독서를 할 수 있다는 말씀이신 거죠? 그렇다면 마음을 열고 현주씨와 아테나 님의 조언을 전부 받아들이겠습니다!

아테나 　오, 지영씨 벌써 많은 변화가 생긴 것 같단 말이야. 비너스에게 훈련받은 외모에, 넓은 마음에, 진실된 지혜까지 겸하게 되면 10년 후, 20년 후, 아니 시간이 지나면 지날수록 점점 더 많은 사람들이 부러워하는 매력적인 사람이 되어 있을 거야.

지영씨 　와~ 상상만 해도 벌써 설레고 기대되는데요? 10년 후 나는 얼마나 멋진 모습으로 이 세상을 살아가고 있을까요? 앗, 이럴 때가 아니지. 당장 서점에 가서 인문 고전이랑 소설책들을 좀 사야겠어요.

아테나 　아휴, 지영씨 정말 못 말려~

6교시 —————

김지영 씨의
표현력이 달라지기 시작했다

지영씨는 요즘 사는 게 정말 재밌다. 책을 읽으면서 관점이 변하기도 했지만, 매사에 자신감이 생기고 어디서든 당당해졌다. 생각이 변하니 현주씨가 싫었던 게 아니라 부러움에 질투하고 있었다는 사실도 알게 되었다. 현주씨의 진심을 알게 되면서 둘은 책을 통해서 이야기하는 시간도 많아졌고 어느덧 둘도 없는 친구가 되었다. 처음에 지영씨를 비웃었던 작은아이 유치원 엄마들이 이제는 지영씨에게 책 추천을 해달라며 이것저것 물어본다. 어깨에 힘이 한껏 들어간 지영씨, 책 읽기에 더욱 열을 올린다. 이참에 우리 집을 서점으로 한번 만들어보자. 아이들 방에 있던 책장을 거실로 옮겼고 TV도 없앴다. 책장에 책도 제법 많아졌다. 집에 책이 많이 있으니 아이들도 자연스레 책에 관심을 보이며 스스로 책을 고르고, 지영씨와 함께 대화하는 시간이 늘어났다.

아테나   와우! 지영씨, 정말 지혜의 신이 되어보기로 작정을 한 모양이야. 너무 뿌듯해지는데? 여태까지 내가 코칭한 사람들 중에 지영씨가 제일 눈부신 발전을 하고 있어. 어찌나 빛이 나는지 요즘 눈이 부셔서 제대로 쳐다보지도 못하겠는걸?

지영씨   호호, 이게 다 아테나 님 덕분이죠. 전 이제 두려운 게 없어요. 책을 읽으면서 배우는 것도 많아지고 아는 것도 많아지니까 모임에 나가도 자신감이 막 생기고요. 모르는 건 또 책을 보면 되니까 걱정이 없어요. 그리고 예전에는 저랑 다른 생각을 하는 엄마들은 은근히 속으로 싫어했었어요. 내가 맞고 저 사람들은 다 틀리다고 생각했었거든요. 물론 제가 성격이 워낙 좋아서 티는 안 내고 잘 지내긴 했지만요. 그런데 요즘은 아, 저 사람은 저렇게 생각할 수도 있겠구나 하고 마음을 열고 들으니 그 사람들을 통해서 배우는 것도 많더라고요.

아테나   (눈을 깜빡이며) 와, 내가 아는 그 지영씨 맞지? 설마 이거 꿈인가? (볼을 꼬집는다) 아얏! 꿈은 아니군.

지영씨   아휴, 아테나 님! 꿈 아니니 걱정 마세요. 그리고 요즘 모임 나가면 엄마들이 저보고 책 추천해달라고 난리들이에요. 독서모임도 주관해 보라면서 어찌나 부추기는지.

아테나   그래, 책 내용은 이제 잘 기억나고? 또 연재 엄마가 내용 대신 말해주는 건 아니고?

지영씨   (버럭 하며) 아테나 님! 그 쪽팔린 기억을 또 끄집어낼 필요는 없잖아욧! 당연히 잘 기억나죠! 이젠 완벽하게 술술 말한다고요. 심지어 상대방 상황만 들어도 추천해 주고 싶은 책이 팍팍 떠오르기도 하는걸요!

아테나   와우, 정말 감탄의 연속이네. 근데 지영씨 쪽팔린다는 표현도 여전하고 연재 엄마 이야기에 발끈하는 것도 여전하네.

지영씨   아테나 님이 열받게 하니까 그렇죠. 저 평소에는 그런 표현 안 쓴다고요.

아테나   하하하 그래, 열받게 해서 미안. 지영씨 내가 알려준 대로 책 많이 읽고, 잘 읽어 줘서 정말 고마워. 그리고 이렇게 변화된 모습을 보니 지영씨 내면이 정말 잘 채워진 것 같아서 너무 기쁘고. 그런데 내면의 아름다움과 채워짐은 눈에 보이지 않아. 그럼 그걸 드러내 주는 수단이 뭘까? 바로 '말'이야. 표현법이지. 같은 내용이라도 어떤 말로 어떤 표현을 하느냐에 따라 느낌이 달라져. 예를 한번 들어볼까? 지영씨가 아들에게 이렇게 말을 하는 거야. '너 김치 안 먹으면 소시지 안 준다'와 '김치 먹고 소시지도 먹으면 되지' 이 두 문장 중에 어떤 문장으로 말을 했을 때 아이가 김치를 먹고 싶다는 느낌이 들까?

지영씨   두 번째 문장이오. 처음 문장은 화난 엄마의 얼굴이 떠오르는데, 두 번째 문장은 왠지 품위 있게 웃는 얼굴이 떠올라요.

아테나   그렇지. 더 자세히 보면 첫 번째 문장은 부정에 핵심을 두었고, 두 번째 문장은 긍정에 핵심을 두었어. 긍정에 핵심을 두는 표현을 했을 때 사람이 더 깊이 있게 보이는 법이지. 책을 아무리 많이 읽어서 내면의 지식을 채우기만 하면 뭐 하겠어. 부정적인 표현으로 가득 차 있는 말을 하는데.

지영씨   그러고 보니 연재 엄마는 한 번도 화를 내거나 '하지 마, 안 돼' 이런 말을 한 적이 없는 것 같아요. 그래서 연재 엄마만 보면 괜히 내가 움츠러들었나? 아테나 님, 긍정적인 표현을 잘 하려면 어떤 책을 읽어야 하는지 알려주세요. 오늘부터 읽고 바꾸도록 하겠어요! 와 이럴 때 정말 책이 있는 게 얼마나 좋은지~

아테나 지영씨 열정은 정말 인정한다니까. 그런데 말버릇은 책 말고 직접 말을 해보면서 배워보는 게 어때?

지영씨 말버릇도 가르쳐주시게요?

아테나 아니 나 말고. 말습관의 대가인 신이 있지.

지영씨 와 신이 또 있어요. 도대체 신이 몇 명이야?

아테나 싫으면 안 해도 되고. 지영씨가 너무 빠르게 변화가 되어서 내가 특별히 데메테르 님께 부탁을 해보려고 하거든. 그분 너~무 바쁜 분이라 이미 예약이 밀렸다고.

지영씨 오~ 그렇게 대단하신 분을 만나게 해주신다면 영광이죠. 해볼게요. 이왕 시작한 거 완벽하게 바뀌어 보겠어요.

아테나 그래, 난 언제나 지영씨 곁에서 응원하고 있을게. 내일 아침에 눈 뜨면 데메테르 님이 옆에 계실 거야. 내가 미리 말해줬으니 깜짝 놀라면서 누구냐고 물어보지 말고. 알았지?

지영씨 네네, 알겠어요. 걱정하지 마세요~ 아테나 님. 그동안 감사했어요! 앞으로도 책 열심히 읽을게요.

아테나 그럼 좋은 꿈 꾸고 잘 자요. 지영씨!

삶이 풍요로워지는 데메테르와의
1:1 말공부

1교시 ─────── ## 여신의 전문용어 첫 번째, '미안합니다. 용서하세요.'

지난밤에 너무 욕심을 내서 책을 읽은 탓인지 지영씨는 늦잠을 자고 말았다.

지영씨   어머, 어쩌면 좋아. 8시 30분이네. 둘째 유치원 버스가
곧 픽업을 올 시간인데! 안되겠다. 비상!! 비상!! 빨리
일어나. 우리 완전 늦었어. 여보, 당신 출근 안 할 거야?
지금 시간이 9시가 다 되어간다고! 야! 너희들도 빨리
일어나!

지영씨와 아이들은 세수도 못하고 옷만 대충 챙겨 입었다. 그

리고 전력 질주한 결과 무사히 둘째 아이를 유치원 버스에 태울 수 있었다. 엄마들과 서둘러 인사를 나눈 뒤 큰 아이 학교로 또다시 달리기 시작했다. 큰 아이를 학교 정문에서 배웅한 뒤 자기도 모르게 '아이고 정신없어'를 연발하며 바쁘게 집으로 발걸음을 옮겼다. 쌓인 집안일을 빨리 끝내고 어제 도착한 책들을 읽고 싶은 터였다. 예전 같으면 학교 정문에서 만난 엄마들하고 동네 카페에서 아이들 이야기로 오전 시간을 다 보내겠지만 아테나 님을 통해 독서의 기쁨을 알고 나서는 책 읽는 것이 엄마들과의 수다보다 훨씬 재미있었다.

집에 도착한 지영씨, 아침부터 전력 질주를 해서 그런지 배가 고팠다. 평소 같으면 귀찮다는 이유로 라면 한 개를 끓여 먹었겠지만, 이제는 다르다. 직접 만든 떠먹는 요구르트에 견과류를 듬뿍 넣어서 아침 식사를 그야말로 여신처럼 해결했다. 이런 건강한 습관을 지니게 된 자기 스스로가 너무 뿌듯하기만 하다.

지영씨   이렇게 건강한 습관을 유지하는데 다시 예전으로 돌아가지 않겠지. 살찌면 절대 안 되는데. 아냐, 안 찔 거야. 그래, 안 찔 거야. 운동도 꾸준히 하니까.

데메테르 안찐다 안찐다, 그러면 엄청 살찌는데! '안찐다'가 아니고 '나는 항상 날씬하다.'라고 말을 해야 그대가 원하는 대로 우주에 주문이 들어가는 거야.

지영씨 아! 깜짝이야! 아니 신들은 왜 이렇게 불쑥 나타나서 사람을 놀라게 해요? 좀 인기척 좀 하고 나오시던가?

데메테르 어~ 쏘리쏘리! 우리가 좀 그랬나? 많이 놀랐어? 미안해. 용서해줘.

지영씨 아니 그렇다고 '신'정도 되시는 분께서 용서해달라고까지 하니 제가 좀 민망해지기는 하네요. 일단 용서는 해드릴게요. 하하하

데메테르 '미안합니다. 용서하세요.'는 우리 여신들이 늘 하는 전문용어야, 여신들은 '미안합니다. 용서하세요.'를 반복함으로써 자신의 마음 그리고 이 세상까지도 정화시키지. 물론 지금 이 말을 이해하기는 어려울 테지만 일단 지영씨도 이 말을 꼭 기억해둬. 내 안의 문제, 그리고 심지어 상대방의 문제까지도 '미안합니다. 용서하세요.'라는 말을 끊임없이 하는 것만으로도 해결이 된다는 사실을 말이야. 입 밖으로 나오는 말은 강력한 에너지가 깃들어져 있어. 그래서 평소 자신이 하는 말습관을 점

검하고 통제할 필요가 있는 거지. 전략적으로 잘만 쓰면 자신이 원하는 대로 인생을 멋지게 살 수 있다! 이 말씀!

지영씨   말씀 중에 진짜 죄송한데요. 혹시 어제 아테나 님께서 말씀하신 데메테르 님은 아니시죠? 데메테르 님은 남자인 걸로 제가 알고 있는데 말입니다.

데메테르   누가 남자래? 데메테르는 여신이야. 풍요를 주관하는 아주 특별한 여신이지. 지영씨의 말습관이 좀 아쉽다고 내 딸격인 아테나가 특별히 부탁해서 엄청 바쁜데도 불구하고 이렇게 찾아온 거야.

지영씨   (혼잣말하듯 투덜거리며) 난 남자 신인 줄 알고 살짝 기대했는데.

데메테르   어머나. 투덜거리는 말습관 좀 보세요. 그러니까 아테나가 그렇게 걱정을 하는 거지. 아무리 공들여서 책을 읽히고 공부를 시키면 뭐하냐고? 입 밖으로 나오는 에너지가 이렇게 엉망이니까 비너스에 이어서 아테나까지 스파르타식 여신 레슨을 해줘도 삶이 눈에 띄게 변화가 없는 거야. 어떻게? 나 그냥 갈까?

지영씨   아이고. 지혜롭고 아름답고 친절하고 또… 암튼 대단하신 여신님. 그냥 저도 모르게 튀어나온 혼잣말이었어요. 흠흠. 저도 이쯤에서 여신의 전문용어를 좀 써 볼게요. 미안합니다. 용서하세요. 미안합니다. 용서하세요. 미안합니다. 용서하세요. 미안…

데메테르 그만해. 몇 번을 말할 거야?

지영씨 아니 아까 반복해서 끊임없이 해야 정화가 된다고 하셔서 저는 그저 배운 대로 하는 것뿐인데요.

데메테르 오! 내가 참 그랬지. 그 자세 하나는 진짜 맘에 드네. 배운 대로 바로 써먹는 그 배움의 자세! 정말 훌륭해, 최고야. 지영씨는 여신이 되고도 남겠어.

지영씨 훌륭해, 최고야. 뭐 이것도 여신의 전문용어인가요? 왠지 데메테르 님의 칭찬에 진정성이 안 느껴지네요.

데메테르 지영씨는 정말 듣던 대로 엄청 유쾌 발랄하네. 전문용어가 맞기는 한데 내가 한 말은 진심이야. 뭐 물론 100% 진심은 아니지만. 그래도 효과는 있어. 말이라는 것은 진심을 담아서 하면 효과가 엄청 강해지지만 진심이 아니라고 해서 효과가 없는 것은 아니거든. 말 자체에는 진동이 있기 때문에 우주에 고스란히 전달된다니까. 그러니까 지금부터 내가 알려주는 말은 반복해서 반드시 해야 하는 거야. '뭐 마음에 와닿지 않아서 입 밖으로 안 나와요.' 이런 말은 절대 하지 않는 거로. 오케이?

지영씨　지금 말씀하시는 게 정확히 뭔지는 모르겠지만, 알려만 주시면 제가 또 엄청 열심히 하는 스타일이거든요. 그나저나 데메테르 님이 가르쳐 주신대로만 하면 제 삶이 눈에 띄게, 그것도 아주 빠르게 좋아질 수 있을까요? 얼마나 걸릴까요? 일주일이면 될까요?

데메테르　아직 얼마나 걸릴지는 정확히 알 수는 없지. 하지만 기본적으로 수긍하고 또 변화하려는 의지가 있어 보이네. 자기 잘났다고 고집부리고 새로운 변화를 싫어하는 사람들은 평생이 걸려도 안 될 수도 있지만, 자기 같은 사람들은 생각보다 행운이 빠르게 찾아오기도 하지. 그러니까 일단 부정적인 내면 정화를 위한 혼잣말 훈련부터 하자고. 그나저나 훈련에 들어가기에 앞서서 확인할 게 하나 있어. 오늘 아침에 혼자 막 뛰어다니느라 고생했지? 그러면서 남편한테 욕을 엄청나게 하던데 맞나?

지영씨　제가요? 어. 남편한테 욕한 적 없는데요. 전혀 기억이 안 나요.

데메테르　그래? 그럼 아침 모습을 한 번 확인해 볼까?

데메테르는 휴대폰을 꺼내 영상 하나를 보여주었다. 첫째 아이를 학교 정문에서 배웅하고 돌아 나오면서부터의 지영씨 모습이 담겨 있었다. 폭풍 혼잣말을 내뱉고 있었다.

"나쁜 자식. 애는 뭐 나 혼자 낳았어? 돈 벌어온다고 유세하는 것도 아니고. 아침마다 이 전쟁을 왜 나만 해야 하는 거냐고. 현주씨 남편은 퇴근도 빨리해서 애들하고 놀아주고 목욕도 직접 씻겨 준다는데. 자기는 뭐야? 주중에 늦게 오는 거 그렇다고 쳐. 주말에는 뭐냐고? 피곤하다고 누워만 있고. 나는 무슨 철인이냐? 주말에도 애들 둘 데리고 아파트 놀이터 곳곳을 누비며 놀아주는 나는 무슨 철인이냐고? 나쁜 자식. 나도 돈을 벌면 이런 대접 안 받으려나? 나중에 나이 들어서 어디 두고 보자. 내가 곰국만 잔뜩 끓여놓고 나 혼자 재밌게 살 거다!"

데메테르는 고개를 연신 가로저으며 휴대폰의 영상을 껐다.

지영씨 어. 이 모습을 언제 다 찍으셨대요? 아 맞다. 내 안에 자동 저장된 거라고 했지? 뭐 암튼, 그냥 나도 모르게 하도 열이 받아서 튀어나온 말들이에요. 진심은 아니라고 나 할까? 그러니까 제가 욕했는지 기억도 못 했지요.

데메테르 자신도 모르게 튀어나온 말이 곧 자신의 잠재의식 수준 인 거야. 지금 지영씨는 겉으로 보기에는 굉장히 긍정적 이고 유쾌한 사람처럼 보이지만 잠재의식에는 불만이 가득 차 있는 게 나와의 첫 만남에서 고스란히 드러난 거야. 잠재의식을 정화시키지 않으면 삶은 절대로 변화 하지 않는다니까. 자, 오늘의 말공부는 정화를 위한 말 이야.

지영씨 정화를 위한 말이라면 아까 말씀하신 그 전문용어 아니 에요? 미안합니다. 용서하세요?

데메테르 맞아. 내일 내가 찾아오기 전까지 '미안합니다. 용서하 세요.'를 2000번 말하는 거야. 1000번은 자기 안에 숨 겨져 있는 잠재의식에게 전하는 거야. 그동안 부정적인 마음으로 살아서 미안하다고, 용서해달라고 말하는 거 지. 그리고 나머지 1000번은 남편에게 말하는 거야. 물 론 직접 들리게 말하는 것은 아니고 남편을 떠올리면서 말하는 거지.

지영씨 데메테르 님, 그런데 솔직히 남편에게는 사과하고 싶은 마음이 전혀 없어요. 사과를 받아야 하는 쪽은 오히려 저라고요. 저는 남편을 위해서 거의 모든 것을 희생하고 있는걸요? 불만이 있어도 한 번도 내색한 적도 없어요. 항상 남편 좀 편하게 해주기 위해서 제가 집안일이며 육아며 다 맡아서 한다고요. 그런데 남편은 그게 익숙해져서인지 도와주려고 생각도 안 하는 거 같아요. 제가 너무 척척 잘 해내니까 그러나 본데 솔직히 너무한 거 아니에요?

데메테르　내가 아까 뭐라고 했지? 진심이 담기지 않아도 그냥 하라고 분명히 말했을 텐데. 그리고 가장 중요한 것이 있어. 자기 주변의 사람들은 모두 연결되어 있어. 그래서 서로 공유하고 있는 경험 또는 생각들을 정화하면 둘 다 치유가 되는 거지. 남편의 잘못된 생각들을 떠올리며 마치 자기 생각인 것처럼 '미안합니다. 용서하세요.'를 말하는 거야. 그럼 반드시 남편의 태도가 달라질 거야. 남편에게 백날 잔소리하는 것보다 훨씬 효과가 좋으니까 신인 나를 믿고 시키는 대로 해봐. 일단! 내일까지 2000번을 말해봐. 알았지?

지영씨　일단 알겠어요. 이해가 100% 되는 것은 아니지만. 이

해하려고 하기보다는 실행하려고 노력할게요. 미안합
니다. 용서하세요. 미안합니다. 용서하세요. 미안합니
다…

눈을 감고 잠시 집중하는 사이 둘째 유치원 하원 시간이 다
가오고 있었다. 아이를 데리러 나가는 중에도 지영씨는 계속해
서 중얼거렸다.

2교시 —————

여신의 전문용어 두 번째,
'감사합니다. 사랑합니다.'

새벽 6시도 안 되었는데 지영씨의 눈이 번쩍 떠졌다. 평소 아침에 눈 뜨는 게 그렇게도 힘들었는데 오늘은 뭔가 좀 다른 듯하다. 모처럼 편안하게 잤다. 몸도 가볍고 기분도 좋다. 아이들 낳고 이런 자유스러운 감정은 처음인 거 같다. 어제 데메테르 님 때문에 안 내키지만 따라 했던 그 여신의 전문용어 때문일까? 아직 정확하게 이해한 것은 아니지만 아무튼 잠들기 직전까지 중얼거렸던 것은 사실이다. 나중에는 아무 생각 없이 중얼거렸다. 그래서인지 목구멍까지 막혀있던 돌덩이 같은 이물질의 느낌이 몇 년 만에 사라진 듯했다. 그 돌덩이는 아마도 억울함, 부담감, 욕심, 초조함, 걱정 같은 것들이었으리라.

지영씨　　이래서 명상을 하고 수련을 하는 거구나.

　　예전 같으면 생각으로 그쳤을 텐데. 지금은 그냥 혼잣말이 입 밖으로 튀어나왔다. 새벽에 일어난 것이 얼마 만이던가? 지영씨는 두 아이의 이불을 잘 덮어주고, 그냥 거실로 나가려는 찰라, 갑자기 남편 얼굴이 보고 싶어졌다. 늘 옆에서 자는 남편인데, 왜 보고 싶은 걸까? 잠시 남편 얼굴을 바라보자 측은하게 느껴졌다. 가족 생계를 책임지기 위해 애쓰고 있는 남편의 그 초조함과 걱정은 내가 가지고 있던 것보다 몇 배는 더 크다는 생각이 밀려왔다. 그리고 남편을 향해 속삭였다.

지영씨　　미안해, 용서해줘. 고마워.

　　진심으로 나온 말이었다. 갑자기 눈물이 났다. 왜 주책처럼 눈물이 나올까? 혹여 눈물 흘리는 모습을 보며 남편이 깰까 서둘러 거실로 나왔다. 그리고 주섬주섬 옷을 챙겨 입고 집 밖으로 나왔다. 아침 공기가 좀 쌀쌀하기는 했지만 이 시간에 나와 보는 것도 참으로 오랜만이었다. 비너스 님을 떠올리며 아침 운동을 시작했다. 팔꿈치를 얼굴 턱선까지 끌어올리며 걸었다. 그렇게 15분쯤 걸었을까? 반대편에서 지영씨 쪽을 향해 걸어오는 현주씨가 보였다. 그런데 자세히 보니 뭔가를 계속 중얼거리면서 걸어오고 있었다. 너무 반가운 마음에 그녀를 불러 세웠다.

지영씨   현주씨! 벌써 운동 다녀와?

현주씨   어머? 사랑하는 지영씨~ 이 시간에 웬일이야? 난 운동 끝나고 편의점에서 커피 한잔 마시고 집에 들어가려던 참이야. 그나저나 이 시간에 자기 만나니까 너~무 반갑다! 이런 아침을 함께 맞이하기 쉽지 않은데 시간 되면 새벽 커피 한잔 같이할래? 이 시간에 편의점 파라솔에서 마시는 커피가 그렇게 맛있다~.

지영씨   사실 운동하려고 나왔는데 커피 한잔하고 운동하면 효과가 더 좋다니까 한잔 마셔주지. 뭐

지영씨는 그렇게 동네 편의점 파라솔에서 커피를 마시며 현주씨에게 궁금한 점을 물어볼 수 있게 되었다.

지영씨   그런데 아까 보니까 걸으면서 뭐라고 뭐라고 말하는 거 같던데 누구랑 얘기한 거야? 혼잣말 같기도 하고.

현주씨   아. 봤어? 하하하. 나 좀 미친 사람 같아 보이디? 남들
이 보면 어떻게 생각할까 궁금하긴 했어. 혼잣말하는 거
맞아. 일종의 나와 대화를 하는 거지. 이런 말 하면 다
들 좀 이상하게 생각해서 잘 말 안 하는데 지영씨는 궁
금해하니까 말해줄게. 사실 뭐 특별한 건 아니고, '감사
합니다, 사랑합니다.'라고 계속 말하는 거야. 어차피 걷
는 운동 하면서 입은 하는 일이 없으니까. 운동하는 시
간에 하나를 더 얹어서 감사와 사랑의 에너지를 마구마
구 끌어오는 거지, 무슨 사이비 종교 신자 같나? 자기한
테 이상해 보이려나?"

　

지영씨는 어제 데메테르를 통해서 잠재의식을 깨우는 혼잣말
에 대해 들었기 때문에 현주씨가 이상해 보이는 건 아니었다. 그
저 현주씨도 데메테르에게 코치을 받았는지가 궁금했을 뿐이다.
하지만 묻지는 않았다. 혹여나 자신을 진짜 미친 사람으로 생각
할 수도 있겠다 싶어서.

　

현주씨와의 짧은 아침 만남을 뒤로하고 지영씨는 다시 걷기
시작했다. 마음먹고 나온 이상 오늘은 왠지 아침 운동을 꼭 해야

할 거 같았다. 그리고 현주씨의 말을 떠올리며 '감사합니다. 사랑합니다.'를 소리 내어 입 밖으로 뱉어내기 시작했다. 어느샌가 데메테르가 추임새를 넣으며 따라 걷기 시작했다.

데메테르   (감사합니다. 사랑합니다.) 브라보 (감사합니다. 사랑합니다.) 브라보 (감사합니다. 사랑합니다.) 브라보 (감사합니다. 사랑합니다.) 브라보.

지영씨   무슨 뜻이에요? 브라보는? 그것도 여신의 전문용어인가요?

데메테르   아니. 전문용어까지는 아니고. 그냥 지영씨를 뜨겁게 응원하는 소리이지. 그러고 보니 브라보도 전문용어 사전에 추가해도 되겠다. 타인을 뜨겁게 응원하는 사랑의 메시지이니까. 충분히 전문용어가 될 자격이 있는 말이네. 가만 있어 봐. 메모 좀 해놓고.

데메테르가 메모하는 사이에도 지영씨는 멈추지 않고 계속 중얼거리며 걸었다.

지영씨   감사합니다. 사랑합니다. 감사합니다. 사랑합니다. 감사…

데메테르 오~대단해. 지영씨. 가르쳐주지 않아도 진도가 팍팍 알아서 나가네, 어떻게 알았어? 그게 여신의 전문용어 인지?

지영씨 맞죠? 이것도 전문용어? 역시 난 천재라니까. 아까 현주씨랑 만나서 얘기를 하는데 느낌이 뭔가 팍 오더라고요. 어제 가르쳐 주신 대로 잠재의식을 정화하니까 그동안 잠들어 있던 천재적인 나의 능력이 막 깨어난다고 나 할까요?

데메테르 옳지. 옳지. 맞는 얘기야. 여신들이 훈련시키는 보람이 있네. 지영씨는 진짜 천재야.

지영씨 지금 놀리시는지요? 왠지 진정성이 안 느껴져요.

데메테르 아니야. 진짜야. 진심으로 말하는 거야. 지금 지영씨가 말하는 게 모두 다 맞는 말이야. 마음이 정화되면 신성이 활짝 열리거든. 그래서 없던 재능이 생긴다거나 좋은 아이디어가 갑자기 떠오르기도 하지. 사실 더 정확한 설명을 하자면 원래 다 가지고 태어났는데 세상을 살아가면서 쌓인 고정관념들 때문에 묻혀있었던 것들이지. 인간은 누구나 신성을 가지고 있으니까. 사실 나는 지영

씨 자신의 일부이기도 해. 그동안 때가 아니라서 내가
안 보였던 거고 이제는 때가 되어서 나타난 거지.

지영씨 음. 오늘 말씀하시는 것도 완벽히 이해는 못 하겠지만
어제보다는 덜 황당하게 들리네요. 일단은 그냥 믿고 시
키는 대로 해 보는 것을 목표로 삼을게요. 돈 드는 것도
아니고 좋은 말씀인 건 사실이니까요.

데메테르 옳지! 그런 자세가 가장 중요한 거야. 티끌 만큼도 안 되
는 인간의 지식으로 이해하려고 하면 한 치의 오차도 없
이 돌아가는 우주의 신비한 원리가 개떡 같은 소리로 들
릴 수밖에 없어. 인간의 의식은 항시 일어나는 150만 bit
중에서 고작 15bit만 인식 할 수 있기 때문에 진짜 우주
안에서 벌어지는 일들을 인간의 의식은 전혀 짐작도 못
한다고. 그러니까 겸손한 마음으로 지영씨처럼 일단 믿
고 한 걸음씩 걸어가다 보면 기적을 매일매일 체험할 수
있어. 우주에는 기적이 차고 넘치도록 쌓여있으니까.

지영씨 네. 믿고 따르겠습니다. 알려만 주세요. 오늘은 무엇을
가르쳐주시겠어요?

데메테르 지영씨가 벌써 뱉어내고 있는 여신의 전문용어 두 번째,
'감사합니다. 사랑합니다.'를 하루에 1000번 말하기! 이

말은 마법과 같아서 그동안 인간의 고정관념으로 잠겨 있던 우주의 문을 활짝 열어주지. 그래서 우주의 원리를 설명하고 있는 수많은 책에서 '감사합니다. 사랑합니다.'를 '기적을 부르는 말'이라고 하는 거야. 이 말을 5만 번 정도 하면 인생이 바뀌게 되지.

지영씨 에이, 설마요. 제가 아무리 무작정 믿고 따라 한다고 했지만. 이렇게 단순한 게 인생을 바꾸는 비법이라고 말하는 것은 좀 억지스러운데요.

데메테르 그래. 대부분의 사람들이 그렇게 생각해. 너무 간단해서 그런 말을 한다고 인생이 바뀔 거 같지 않다고. 믿지 못하니 간단한 그 일을 하는 사람이 우리 주변에 얼마 없지. 그래서 기적이 우주에 가득 쌓여 있는데도 지영 씨가 살고 있는 이 세상에는 기적같은 일이 많이 일어나지 않는 거야. 세상의 모든 진리는 아주 단순해. 이 단순한 진리에 인간들이 자꾸 나름의 해석을 붙여놓고 의미를 더해서 복잡해지는 거라고. 그리고 너무 단순하면 해답이 아니라고 보는 거지. 상품 가치로서 부적격하다고 생각해서 화려하면서 그럴싸하게 포장하는 거야. 그로 인해 어느 순간 사람들은 진짜를 보는 눈이 사라지고 잘못된 고정관념이 쌓이게 된 거지. 그런 고정관념은 잠재의식을 더 가두어 놓게 되는 거야. 어느샌가 자물쇠로 굳게 잠가 놓게 된 거지. 그 자물쇠를 풀려면 강력한 에너지가 필요한데, 그것이 바로 기적의 말습관이야. '감사합니다. 사랑합니다!' 옆집 현주씨가 운동을 하거나 운전을 할 때 소리 내서 중얼거리는 말도 이 기적의 말인 거고.

지영씨 하긴, 현주씨처럼 똑똑한 여자가 쓸데없이 중얼거리지는 않겠지요. 알겠어요. 오늘부터 '감사합니다. 사랑합니다.'를 화장실에서도 중얼거릴게요.

데메테르 내 말은 못 믿어도 현주씨 말은 믿겠다는 거 같은데 어쨌든 직접 체험해 보는 것이 가장 빠른 길이지. 여기저기 기적 또는 시크릿 관련된 인터넷 동호회나 카페 같은 곳을 살펴봐. 이 기적의 말 하나로 얼마나 많은 사람이 기적을 체험하고 있는지. 사실 그동안 고정관념 때문에 지영씨 눈에 안 보였던 거지. 고정관념을 버리고 깨끗해진 마음으로 세상을 보면 주변에 천지가 다 기적 같은 일이야.

데메테르의 말을 들으며 운동을 해서 그런지 눈 깜짝할 사이에 1시간이 훌쩍 지나있었다. 얼른 집에 가서 오랜만에 남편 아침 식사를 좀 챙겨줘야겠다는 생각에 발걸음을 재촉했다. 집 앞에 도착했을 때 지영씨는 속삭였다.

지영씨   여보, 고마워 그리고 사랑해. 애들아 고마워, 사랑해. 오늘 하루 1000번 말하기 도전! 좋아. 손해 볼 것도 없으니 일단 시키는 대로 믿고 말해보자. 기적의 말들.

지영씨는 몸에 에너지가 고속 충전되는 느낌이었다.

3교시 ─────

여신의 전문용어 세 번째,
'이루어졌습니다'

🐦　　　아이들을 등원시키고 화장실에서 볼 일을 보며 '감사합니다. 사랑합니다.'를 중얼거리던 지영씨는 깜짝 놀랐다. 어디선가 자신의 목소리가 반복해서 흘러나오고 있었던 것이다. 내 목소리가 맞나 싶어 급하게 볼 일을 마치고 화장실 밖으로 나왔다. 데메테르가 거실에서 팔짱을 끼고 심각한 듯 모니터 영상을 보고 있었다. 모니터에는 지영씨의 어제 모습이 담겨 있었다. 어제 아침 운동을 하다가 만난 현주씨와 커피를 마시며 나눈 대화 장면이었다.

현주씨　지영씨, 예전에 여행사에서 일했다고 했지? 외국도 자주 나갔다면서 좋았겠다. 자기는 워낙 밝은 성격이고 활동적이라서 그쪽 일 잘했을 거 같아. 근데 다시 일할 생각은 없어? 애들 학교 가고 유치원 가면 시간 있잖아. 그냥 집에만 있기에는 아까운 인재야.

지영씨   아이고, 나 같은 애 엄마가 무슨 일을 하겠어? 받아주는 데도 없어! 어디 가서 캐셔로 알바나 하면 모를까.

현주씨   아니면 아이들 관련된 일을 해보면 어때? 지영씨는 애들을 진짜 좋아하잖아. 남의 집 아이들하고도 잘 놀아주고. 동네 아이들이 지영씨를 무슨 선생님 따르듯이 졸졸 따라다니더라.

지영씨   그러게. 내가 아이들을 좋아하기는 해. 난 애들하고 대화하는 것도 참 재미있고, 정말 예뻐. 그런데 아이를 좋아한다고 아무나 일을 하는 건 아닌 거 같아. 내가 그런 일을 어떻게 해. 현주씨야 원래 일을 계속해왔던 여자니까 쉽게 생각할 수 있겠지만, 나 같은 전업주부나 경단녀들은 무리야.

데메테르는 더 볼 필요도 없다는 듯, 머리를 가로저으며 영상이 나오는 모니터를 껐다.

지영씨   아니, 아무리 신이라도 그렇지요. 몰래카메라도 아니고. 이런 식으로 계속 제 모습을 찍으시면 곤란해요!

데메테르 내가 찍은 게 아니고 잠재의식에 자동저장 되는 거라니까. 그걸 내가 확인시켜주고 있는 거고.

지영씨   저는 요즘 정신이 없어서 한 시간 전 일도 기억이 안 나는데, 어제 대화 내용이 어떻게 저렇게 고스란히 제 마음에 담겨요?

데메테르 잠재의식을 뭐로 보는 거야? 잠재의식의 사고회로 용량은 현재 의식의 6만 배야. 최면술로 사건 목격자들에게 사건 당시 스쳐 지나갔던 자동차 번호를 기억해 내게 하는 것도 못 봤어? 잠재의식을 일으키면 5살의 어린 여자아이도 동전을 구부릴 힘이 생겨. 그런 실험은 많이 있잖아. 못 믿겠으면 찾아봐!

지영씨   맞아요. 맞아. 예전에 그런 실험 본 것도 같아요. 오~ 남편하고 싸울 때 기억이 나지 않아서 엄청 억울한 게 많았는데 잠재의식만 잘 활용하면 문제없겠어요! 하하하. 그나저나 연예인들 관찰 카메라같이 내 모습을 자꾸 보니까 좀 새롭네요. 비너스 님하고 열심히 공부한 보람이 있는 거 같아요. 살도 빠지고 확실히 예뻐졌어.

운동을 꾸준히 해야겠어요. 아! 그리고 현주씨 보다 제가 말을 더 잘하는 거 같지 않아요? 제가 은근히 똑 부러지게 말을 한다니까요. 하기는 옛날부터 우리 할머니가 저보고 야물딱지게 말을 잘한다고 했어요. 제가 말 잘하는 건 타고났나 봐요.

데메테르 브라보! 이럴 때 보면 지영씨는 지나치게 긍정적이야. 여신이 되려면 긍정적인 말습관이 아주 중요하지. 내 앞에서는 이렇게 긍정적인 지영씨가 왜 평소에는 부정적인 말만 골라서 할까? 평소에 하는 말들이 모두 우주로 전달돼서 결국 말하는 대로 인생이 바뀌는데 말이지.

지영씨는 이해가 되지 않았다. 자신을 초긍정적인 마인드의 소유자라고 생각하던 지영씨였다. 평소에 화도 잘 안 내는 성격이고, 뭔가를 따지거나 다른 사람을 흉보는 일도 거의 없는 지영씨로서는 억울하기까지 했다.

지영씨 데메테르 님께서 뭔가 단단히 오해하시는 거 같은데요. 제가 또 한 긍정 하는 사람이거든요. 제 주변 사람들한테 물어보세요. 다들 저한테 초긍정이라고 말한다고요.

데메테르   지영씨가 만나는 모든 사람에게 항상 웃으며 유쾌하게
대하니까 자신이 긍정적이라고 착각하는 거야. 근데 난
알지. 지영씨가 자존감 낮은 자신의 모습을 감추고 싶
어서 일부러 장난치듯 유쾌한 척, 오버하면서 말한다는
것을. 평소 자신의 인생에 대해서. 특히 존재감에 대해
서 생각할 때마다 우울해하고 속상해하잖아. 현주씨와
도 지난 아침에 대수롭지 않게 대화한 것처럼 보이지만
사실 많이 속상했잖아. 그동안 상처 나서 덮어놨던 존
재감이 다시 고개를 들기 시작한 거라고. 그래서 지난
아침 일이 잠재의식 속에 아주 선명하게 담겨 있는 거
란 말이야.

지영씨   사실 저도 제 마음을 잘 모르겠어요. 사람들하고 이야기
하는 건 참 재미있어서 시간 가는 줄 모르게 수다를 떨
거든요. 그런데 수다 떨고 집으로 돌아오는 길에는 왠
지 우울해요. 그리고 어쩌다 직장맘들하고 얘기 하는데
끼려면 무슨 얘기 하는지 이해도 잘 안 가서 좀 주눅도
들어요. 그러다 보니 직장맘들한테 기죽기 싫어서 더 큰
소리로 웃으며 인사하고 애들하고 더 재미있게 놀아주
는 척하기도 해요.

데메테르 그것 봐. 사실 아이들 키우면서 정신없다는 핑계로 자신의 감정을 잘 들여다보지 않았겠지만, 순간순간 지영 씨의 잠재의식에는 자신의 삶을 바라보는 부정적인 생각과 감정들이 차곡차곡 쌓여있단 말이야. 스스로에 대한 불만도 터지기 일보 직전이고. 물론 비너스와 아테나 덕분에 많이 바뀌긴 했지만 말이야.

지영씨 갈 길이 아직 먼 건가요? 저도 자신감 넘치게 살고 싶어요. 남편을 비롯한 많은 사람에게 인정받으면서요. 가르쳐만 주세요. 오늘도 여신의 전문용어를 셀 수 없이 많이 내뱉고 다녔어요. 보셨겠지만 화장실에서 큰일을 보면서도 제가 '감사합니다'를 내뱉었다니까요.

데메테르 그래. 지영씨가 시키는 대로 열심히 하고 있는 점은 일단 인정해. 그 점을 높게 사서 오늘 바로 다음 진도를 나가도록 하겠어.

지영씨 그럼 오늘부터는 '감사합니다. 사랑합니다.'는 그만 말해도 되는 거죠? 오늘 배울 전문용어는 뭐예요?

데메테르 흠. 이렇게 또 실망시키기야? 인생을 바꾸는 건 평소 말하는 습관이라고 했지? 습관이 뭐야? 몸에 베서 어느새인가 신경 쓰지 않아도 자연스럽게 나오는 게 습관이야. 그렇게 몸에 배려면 얼마나 오랫동안 의식적으로 반복해야 하는지 알아? 앞으로 여신의 말공부가 끝난다고 해도 '미안합니다. 용서하세요. 감사합니다. 사랑합니다.'는 적어도 매일 각각 200번씩은 내뱉겠다는 생각으로 습관화시켜야 해. 알았지?

지영씨 넵! 데메테르 님. 감사합니다. 사랑합니다. 미안합니다. 용서하세요.

데메테르 좋아. 믿어보겠어. 그럼 (군대 조교의 말투로) 오늘 여신의 전문용어를 알려주겠다. 오늘의 전문용어는 바로바로 '이루어졌다'이다. 자, 따라 해본다. 이루어졌다!

지영씨 이루어졌다…. 밑도 끝도 없이 이루어졌다니 무슨 말인가요?

데메테르 그래 이건 설명이 좀 필요하겠다. 이해를 돕기 위해 앞집 현주 여신이 어떻게 잠재의식을 활용하는지를 같이 보면 좋을 거 같아.

지영씨 현주씨가 여신이라고요? 그건 너무 과한 칭찬 아니에요? 워낙 잘 꾸미는 여자이다 보니까 저보다 좀 젊어 보이고 세련돼 보이는 거지. 솔직히 여신급은 아니지요!

데메테르 또 나온다. 저 잠재의식에 가득 찬 부정적인 시선. 현주씨의 잠재의식에 여신이 자리 잡은 지 오래됐어. 그 여신이 항상 일을 도와주기 때문에 현주씨는 남들보다 쉽게 성공하고 남들보다 훨씬 더 행복해하는 거라고. 자, 이제 눈 크게 뜨고 귀 쫑긋 세워서 현주씨의 일상을 잘 지켜봐.

거실 모니터 영상에서는 현주씨 가족의 새벽 풍경이 보이기 시작했다.

새벽 5시 현주씨네 안방

눈을 감고 아주 작은 소리로 속삭이는 현주씨의 모습이 가장 먼저 눈에 들어왔다.

(아주 작은 소리로 속삭이듯) 감사합니다. 사랑합니다. 오늘 하루도 축제처럼 삽니다. 오늘 하루도 행복을 선택합니다.

삶이 풍요로워지는 데메테르와의 1:1 말공부

지영씨   어머? 연재 엄마 잠꼬대가 아주 심하네요. 혼잣말을 너무 하다 보니 노이로제에 걸려서 잠꼬대로도 나오나 봐요. 쯧쯧

데메테르   저건 잠꼬대가 아니야. 지금 자고 있는 것도 아니고. 눈을 뜨자마자 자신 안의 여신에게 아침 인사를 하는 거지. 그렇게 잠들어 있는 여신을 깨우는 거야.

(옆에 아직 자고 있는 남편의 얼굴을 살포시 쓰다듬으며) 당신은 최고의 남편이야. 사랑이 가득하고, 인자하고, 긍정적인 자세로 우리 가족에게 선한 영향력을 끼치는 멋진 남자지. 여보 사랑해. 고마워.

지영씨   저건 또 뭐 하는 거야? 자고 있는 사람한테 무슨 귓속말을 저렇게 한대요?

데메테르   남편 안에 있는 잠재의식에도 말을 걸어서 대신 깨워주는 거야. 남편 안에도 신이 있어. 그런데 워낙 현주씨 남편이 고집불통이라서 그 안에 있는 신이 아주 깊게 잠들어 있는 거지. 그걸 현주씨가 대신 늘 저렇게 깨워주는 거야. 현주씨 남편이 자고는 있지만 잠재의식은 현주씨

의 말을 듣게 되는 거지. 저것도 효과가 있어. 자기도 잠든 남편 보기 싫다고 노려보지 말고 귓속말을 전해봐.

지영씨   일단 제 안에 있는 여신부터 깨우고요. 제 여신 깨우는 것도 아직은 좀 어색하고 민망한 상황이거든요.

(쌕쌕 잠자고 있는 6살 연재의 배를 토닥거리며) 우리 연재 오늘도 건강하고 씩씩하게 놀아줘서 고마워. 사랑해.

지영씨   그것 봐요. 잠꼬대잖아요. 하루를 막 시작하는 새벽인데 오늘도 건강하고 씩씩하게 놀아줘서 고맙다고 벌써 하루 다 산 것처럼 말하잖아요. 분명히 잠꼬대야, 잠꼬대. 몽유병일 수도 있고!

데메테르   그렇지. 아주 잘 캐치했어. 현주씨가 지금 완료형으로 말을 하지? 그래서 현주씨가 아주 전략적으로 잠재의식을 활용하는 사람인 거야. 원하는 대로 다 이루어졌다고 말하는 습관인 거지.

데메테르는 영상이 나오는 모니터를 끄고 손뼉을 치며 이렇게 말했다.

지영씨   아! 원하는 대로 이루어졌다? 여신의 전문용어를 쓰고
         있군요. 현주씨가.

데메테르 정답이야. 원하는 대로 이루어지는 '말의 법칙'을 정확
         히 알고 전략적으로 활용하고 있는 거야. 지금부터 빠
         르게 효과를 볼 수 있는 우주의 법칙을 설명해 줄 테니
         잘 기억하라고.

4교시 ─────

말은 우주로 보내는
주문이다

데메테르에게서 더욱 강력한 아우라가 뿜어져 나왔다. 지영씨는 비장한 각오로 수업을 시작한다.

데메테르   드라마틱하게 삶을 변화시키고 싶다면 반드시 믿고 따라야 할 말의 법칙이 세 가지가 있어. 첫째, 말은 곧 우주로 보내는 주문이라는 것을 믿어야 해. 이 믿음만 있어도 누구나 성공할 수 있어. 아무 생각 없이 말하고 사는 사람들은 무슨 말도 안 되는 소리냐고 하겠지만. 수 세기 전부터 인간들은 잘 알고 있었어. 인간은 평소에 말하는 대로 살게 된다는 것을. 말은 강력한 진동을 일으키는 에너지를 가지고 있지. 눈에는 보이지 않지만 라디오 주파수처럼 계속해서 진동을 보내고 있는 에너지란 말이야. 생각도 마찬가지고. 그 에너지, 곧 사람이 입 밖으로 뱉어내는 말은 진동을 통해서 우주로 전달되는데, 우주에서는 그 에너지가 더 강력하게 증폭이 된단 말이지. 그리고 증폭된 에너지는 다시 눈앞의 현실이라는 형태로 만들어지게 되어있어.

지영씨　그런데 사실 그 믿음이라는 것이 믿고 싶다고 믿어지는 게 아니잖아요. 저도 마음은 믿고 싶은데 머리가 태클을 걸어요. '그게 말이 되냐?'이라면서요.

데메테르　그래 알아. 그리고 이해해. 하지만 중요한 건 믿겠다는 작은 의지만 있어도 괜찮아. 성경에도 나오잖아. '믿음이 겨자씨 한 알 만큼만 있어도 이 산을 명하여 여기서 저기로 옮겨지라 하면 옮겨질 것이요. 또 너희가 못 할 것이 없으리라.'라고. 거의 일맥상통한 이야기지. 완벽히 이해해서 믿어지지 않는다고 하더라도 일단 수용하고 말습관을 꾸준히 바꿔보면 생각지도 못했던 기적 같은 일들이 벌어져 있다. 이 말씀이지. 어때? 믿어보기 시작하겠어?

지영씨   믿어보기 시작하겠다니요? 저는 진작 시작했는데요.

그러니까 화장실에서 큰일을 보면서도…

데메테르   맞아. 지영씨는 잘 따라오고 있어. (미소 가득 얼굴로 볼을
꼬집으며) 내가 특급 칭찬해줄게.

지영씨   아아아~ 아파요. 그래도 특급 칭찬이라고 말씀하시니
힘이 엄청납니다. 역시 칭찬에는 힘이 있나 봐요.

데메테르   자, 좋아. 힘을 내서 두 번째 법칙 진도를 나가자고! 두
번째는 '평소 부정적인 말도 우주는 주문으로 접
수한다!'야. 이게 인간들이 가장 많이 하는 치명적인
실수지. 지영씨도 예외는 아니고. 어제 현주씨와 대화
할 때만 봐도 얼마나 많은 부정적인 주문을 보냈는지 알
아?

지영씨   제가요. 제가 뭐라고 주문을 보냈더라? 음…그냥 평소
대로 유쾌하게 말했는데요.

데메테르   내가 다시 확인시켜줘? '나 같은 애 엄마는 일할 수 없
다. 받아주는 곳이 없다. 내게는 무리다.'라는 말을 계
속 우주에 전달했잖아. 그것도 격한 감정을 실어서. 강
도가 아주 세던데. 강도가 센 만큼 현실로 돌아오는 속
도가 아주 빠르겠더라고. 쯧쯧

지영씨　　그게 다 전달된다고요? 그냥 습관적으로 의미 없이 한 이야기인데요. 억울해요.

데메테르　　내가 처음부터 얘기했잖아. 평소 자기도 모르게 튀어나오는 말습관을 통해서 그 사람이 마음속으로 무엇을 믿고 있는지 단번에 알 수 있다고. 그 믿음이 곧 주문이야. 그러니까 지영씨가 '할 수 없다'고 말하면 '할 수 없다'는 말이 우주에 전달이 돼서 '할 수 없다'는 것이 현실이라는 형태로 돌아오는 거야. 중국집에 가서 짬뽕이 먹고 싶은데 자기도 모르게 '짜장면 주세요'라고 말하면 속마음을 알아듣고 짬뽕을 주진 않잖아. 주문한 대로 짜장면이 나오지. 우주도 똑같아. 생각보다 말의 진동은 훨씬 세기 때문에 주문이 말로 전달되는 거야.

지영씨　　큰일 났네. 제가 원하지 않는 것을 엄청 많이 주문해놓았어요. 데메테르 님 제가 앞으로 열심히 할 테니까 어떻게 좀 해주세요!

데메테르　　말 잘했어. 진도가 자연스럽게 나가게 되네. 지영씨가 지금 하는 주문에서 인간이 가장 많이 하는 치명적인 실수가 또 나왔어.

지영씨　　제가 지금 주문을 한 건가요? 제가 뭐라고 했지요?

데메테르   입에서 나온 말은 모두 전달이 되는 거야. 안타깝게도 '지금부터 하는 말을 전달해 주시고, 좀 전에 했던 말은 전달하지 말아 주세요'가 안 되는 시스템이야. 그러니까 말습관을 조심해야 하는 거라고. 지금 그랬잖아. '어떻게 좀 해주세요.'라고. 중국집 가서 '아무거나 주세요'라고 말하면 알아서 나올까? 나올 수 있다고 해도 자기 마음에 쏙 드는 음식은 나오지 않는다고. 우주에 주문을 보내는 것도 마찬가지야. 잘 들어! 말의 법칙 세 번째야. 원하는 상황을 정확하게 정하고 이루어졌다고 믿고 완료형으로 말한다!

지영씨   아, 그거 알겠어요. 현주씨가 남편과 아이들을 보면서 완료형으로 말했던 게 바로 이 법칙 때문이었군요. 여신의 전문용어 세 번째인 이루어졌다가 이렇게 연결이 되네요.

데메테르   옳지. 지영씨가 하루가 다르게 성장하는구나. 이해를 거의 완벽하게 했네. 신통방통해. 그래 그럼, 제대로 주문을 넣어볼까? 지영씨가 원하는 상황을 말해봐.

지영씨   음… 저도 능력 있는 워킹맘이 되고 싶어요! 헤헷

데메테르   아이고. 이해를 정확히 한 줄 알았더니 전혀 아니네. 지

영씨의 지금 주문은 현재 지영씨의 삶을 변화시켜 줄 수가 없어. 왜 그런지 잘 들어봐. 먼저, 능력 있다는 것이 정확히 어떤 거지? 돈을 많이 버는 것이 능력인지, 아니면 유명해지는 것이 능력인지 명확하지가 않아. 생각해봐. 아이들을 지금처럼 잘 키우는 것도 능력 있는 거 아닌가? 그렇다면 지영씨의 소원은 벌써 이루어진 거잖아. 아이들을 지영씨가 얼마나 잘 키워! 그러니까 막연하게 꿈꾸듯이 말하지 말고 명확하게 상황을 그려서 말하란 말이야. 그리고 '~되고 싶다, ~하고 싶다'는 완료형이 아니잖아. 그렇게 말을 하면 ~되고 싶은 상황, ~하고 싶은 상황이 현실로 나타나게 되는 거야. '~되었다, ~하였다'라고 말을 해야 하는 거라고.

지영씨   아, 그러네요. 그럼 다시 주문할게요. 저는 돈을 많이 버는 엄마이자 아내가 되고 싶어요.

데메테르 다시. 다시. 돈을 얼마큼 버는 것이 많이 버는 거야? 알리바바 창업자가 많이 번다고 생각하는 액수하고 지금 지영씨가 많이 번다는 액수가 같을까? 정확한 액수를 정해. 한 달에 얼마! 이렇게! 그리고 또 한 가지. 왜 많이 벌고 싶은 건지도 말해야 해. 돈을 많이 버는 거 자체가 소원은 아닐 거 아냐.

지영씨 음… 잠시만요… 생각을 좀 해봐야 할 거 같아요. 이제 아무렇게나 내뱉고 싶지 않아요.

(1~2분쯤 생각한다) 정했어요. 이제 주문할게요. 나는 월 1000만 원씩 벌기 시작했다. 집안 살림에 보탬이 되어 재산이 나날이 늘어나고 있다. 남편을 비롯한 주변 사람들이 나를 보는 눈이 달라지고 있다. 자존감이 높아져서 그런지 아이들에게 화도 안 내고 더욱 깊은 사랑을 주게 되었다. 나는 매일 행복한 삶을 살고 있다. 야호~ 생각만 해도 좋네요. 히히

데메테르 오~ 훌륭해. 아주 잘했어. 마치 이루어진 것처럼 말을 하니 당연히 기분이 좋아지지. 지금의 그 감정을 늘 지금처럼 말을 통해서 만들어 내면 반드시 소원은 이루어져. 그럼, 소원을 이루어주는 말의 법칙 3가지를 정리해 볼까? 첫 번째는 뭐였지?

지영씨 첫 번째는 '믿는다' 입니다!

데메테르 뭘 믿는다?

지영씨 (적어 놓은 것을 재빠르게 커닝하며) 말은 곧 우주로 보내는 주문이다!

데메테르　그렇지! 말은 곧 우주로 보내는 주문이라는 것을 믿는 것이 첫 번째야. 그럼 두 번째는?

지영씨　부정적인 말도 우주는 주문으로 접수한다. 그러니까 항상 긍정의 말습관을 갖는다!

데메테르　옳지, 옳지. 자 마지막 세 번째는?

지영씨　원하는 상황을 구체적으로 정해서 완료형으로 말한다. 평소에 막연하게 생각하는 습관을 없애야겠어요. 아까 해보니까 소원비는 것도 쉽지가 않더라고요.

데메테르　그래. 평소에 원하는 모습, 갖고 싶은 것을 생생하게 그려보는 것도 좋은 습관이야. 오늘 꽤 많은 이야기를 했는데 정확히 이해한 거 같아서 나도 참 뿌듯하다. 아는 것보다는 실행하는 것이 훨씬 중요해. 오늘 남은 시간도 틈틈이 복습하자고! 화이팅!

5교시 ——————

1인방송에
도전하다

지영씨   (혼잣말로 계속 주문을 외우듯) 나는 이 빵을 먹고 더 예뻐지
고 건강해졌다. 힘이 나서 더 많이 움직일 수 있게 됐다.

'빵순이'라는 별명을 가지고 있을 정도로 빵을 좋아하는 지영
씨가 오늘은 빵의 유혹을 물리치지 못하고 빵을 몇 개 사온 터
였다.

데메테르   와, 우리 지영씨는 진짜 똑똑해. 주문을 그렇게 활용하
다니? 잘하고 있어. 그런 주문을 보내는 여신들이 생각
보다 꽤 많기는 해. 역시 지영씨는 참 똑똑해.

지영씨 그동안 제가 습관적으로 부정적인 말로 엉뚱한 주문을 우주로 많이 보냈잖아요. 만회하려면 어쩔 수 없어요. 틈나는 대로 좀 유치하긴 하지만 긍정의 주문을 계속 보내야지요. 아. 그리고 제가 데메테르 님 말씀을 듣고 유튜브에 검색을 좀 해봤는데요. 진짜 '감사합니다. 사랑합니다'를 하루에 수천 번씩 말하고 기적을 체험한 사람들이 꽤 많더라고요. 유튜버 중에 '김새해'란 분이 있는데요. 그분이 진행하는 방송이랑 카페를 보니까 기적을 체험했다고 말하는 사람이 엄청 많아요.

데메테르 믿는 대로 보이는 법이야. 기적을 믿는 사람들에게는 기적이 많이 보이고 그렇지 않은 사람들에게는 기적은 말도 안 되는 헛소리로 밖에는 안 보이는 거지. 그래서 말인데 기적을 믿는 사람들을 위해서 이제 슬슬 배운 것을 공유해 보는 게 어때?

지영씨 배운 걸 어떻게 공유해요? 누구랑?

데메테르 지금까지 배웠던 여신의 전문용어 말이야. 지영씨도 잊지 않고 매일 복습할 수도 있고. 복습하면서 다른 사람에게 알려줄 수도 있고 좋잖아. 원래 공부한 것을 가장 빠르고 정확하게 습득하는 방법은 다른 사람을 가르치는 거야. 그래서 유대인들의 학습 방법 중에도 '서로에게 교사 되기'가 있지.

지영씨   해보고 싶기는 한데 제 얘기를 누가 들어주겠어요. 동네 엄마들 모아놓고 얘기할 수도 없고…….

데메테르   유튜버가 되어서 영상을 통해 공유해봐. 지금 지영씨가 공부하고 실행하고 있는 것을. 꾸준히 영상을 찍어서 올리다 보면 분명 주파수가 같은 사람, 즉 생각이 같은 사람들이 지영씨의 영상을 찾아서 보게 될 거야.

지영씨   하지만 저도 이제 막 여신님을 통해서 공부를 시작한 사람이잖아요. 그렇다고 제가 스펙이나 학력이 좋은 사람도 아니고. 그저 아이들 키우는 애 엄마인걸요. 제가 어떻게 하겠어요.

데메테르   어허. 지금 또 부정적인 주문을 우주로 보내고 있는 거야. 그새 잊었어? 말은 곧 우주로 보내는 주문이고 주문은 뭐든 이루어진다는 거! 할 거야? 말 거야? 사건을 만들어야 무슨 일이든 결과가 나오는 법. 사건을 만들지 않으면 기적은 없어. 결과가 잘 안 나왔다고 해도 손해 보는 건 없잖아. 돈 나가는 것도 아니고. 오히려 좋은 점만 있지. 배운 것을 정리해볼 수 있고, 그리고 스피치 훈련도 공짜로 되고! 한 명이라도 지영씨가 만든 영상을 보는 사람이 있다면 그것 역시 감사한 일이고! 어때?

지영씨   그러네요! 저 해볼래요. 생각해 보니까 재미있을 거 같아요. 저도 김새해 님처럼 되고 싶어요. 매일매일 더 열심히 공부하고 실행해서 제가 경험 한 것을 공유하면 진짜 좋을 거 같아요. 오~ 갑자기 아이디어가 막 샘솟아요. 고마워요. 데메테르 님!

지영씨는 대형서점에 가서 유튜버와 관련된 책들을 구매했다. 그리고 며칠 동안 꼼꼼히 읽었다. 몇 번을 읽었고 이해가 되지 않는 것은 유튜브에 검색했다. 유튜브에서는 크리에이터가 되고자 하는 사람들에게 조언을 해주는 영상이 꽤 많았다. 지영씨에게는 큰 도움이 되는 영상들이었다. 자연스럽게 다양한 유튜브 영상들을 접할 수 있었다. 지영씨가 하고자 하는 1인 방송과 비슷한 주제의 유튜버들도 몇 명 있었다. 지영씨는 꼼꼼하게 모니터링했다. 자신도 빨리 영상을 찍고 싶었다. 말하는 거라면 자신이 있었다. 하루하루가 바쁘지만 행복했다. 아직 시작도 하지 않았지만 마치 모든 걸 이룬 듯했다. 하고 싶고, 할 수 있고, 해냈다는 생각이 들자 지영씨는 자연스럽게 감사함이 넘쳐났다.

지나가는 모든 사람을 향한 사랑의 감정도 넘쳐흘렀다. 평소라면 짜증이 날 일조차 감사하게 느껴졌다. 하지만 영상을 촬영하기 시작하면서 자신감이 조금씩 무너져 내리기 시작했다.

데메테르   지영씨, 오늘 굉장히 우울해 보인다. 나하고 여신 공부하는 동안 이렇게 우울해 보인 적이 한 번도 없었는데. 왜 그래?

지영씨   아! 데메테르 님! 왜 이렇게 오랜만에 나타나시는 거예요. 그동안 얼마나 보고 싶었는데요.

데메테르   거짓말! 한동안 유튜브 방송 준비하느라 신이 나서 그런지 내 생각을 전혀 하지 않던데. 긍정의 주문도 우주로 많이 보내고, 요즘 에너지가 아주 좋아서 지영씨 뒤에 아우라가 생기고 있더라고. 그래서 내가 굳이 끼어들지 않았지. 그런데 어제부터인가 뭔가 낌새가 좋지 않더라고. 우울한 에너지가 스멀스멀 올라오는 게 보여서 안 되겠다 싶어서 찾아온 거야. 도대체 무슨 일이야?

지영씨   사실은 제가 말하는 거 하나는 자신 있었거든요. 사람들 만나서 대화를 나눠도 제가 거의 주도하면서 말을 하는 편이고, 사람들도 재미있게 들어주고 하니까. 유튜

브 방송도 잘하려니 했는데. 막상 카메라 앞에 서니 말
도 자꾸 꼬이고 말투도 너무 아이 같아서 마음에 안 들
어요. 역시 아무나 하는 게 아닌가 봐요.

데메테르 '아무나 하는 게 아니다. 그래서 나는 못 한다.'를 지금
우주에 주문하는 거야? 틈만 나면 꿈틀꿈틀 기어 나오
는 부정적인 말습관을 어찌하면 좋을까?

지영씨 아, 아니에요. 그냥 좀 어려움에 봉착했다. 그러니 어떻게
하면 잘할 수 있을까? 뭐 이 정도의 혼잣말이었어요. 데
메테르 님. 혹시 스피치 기술 같은 건 훈련이 안될까요?

데메테르 물론 되지. 요청하는 것은 모두 이루어진다니까. 그럼
오늘부터 여신의 전문용어와는 별도로 청중을 사로잡
는 스피치 기술을 전수해 주겠다. 준비됐나?

지영씨 네! 준비됐습니다. 가르쳐만 주세요!

데메테르 스피치 기술을 훈련받는 중에도 여신의 전문용어는 모
두 꾸준하게 실행해야 해.

  이렇게 해서 지영씨는 또 다른 도전을 시작하게 되었다. 스피
치 훈련을 통해서 자신의 삶이 어떻게 바뀔지 그때는 상상도 하
지 못한 채……

6교시 ——————

스피치 훈련이
시작되다

데메테르　스피치 훈련은 앞으로 4주 동안 총 3단계로 진행될 거야. 이 과정을 거치면 말주변이 없는 사람도 청중을 사로잡는 스피커가 될 수 있지. 자, 1단계는 소리 내어 책 읽기야. 낭독이지. 그냥 낭독이 아닌 적극적 낭독이라고 볼 수 있어. 그동안 읽었던 책 중에서 가장 좋아하는 책을 한 권 선정해. 그리고 매일 15분 정도 소리 내어 읽어주는데, 앉아서 읽는 것이 아니라 일어서서 가볍게 걷거나 움직이면서 읽는 거야. 마치 강연자가 무대 위에서 자연스럽게 움직이며 말하듯이 말이야.

지영씨　큰소리로 읽어야 효과가 좋겠지요?

데메테르 너무 큰소리로 읽을 필요는 없어. 그냥 힘을 너무 과하게 주지 않을 정도의 성량이면 충분해. 그리고 주변에 사람들이 있어서 그조차도 힘들다면 혼잣말을 하듯 작게 속삭이며 낭독하는 것도 괜찮아.

지영씨 요즘 책 읽는 재미에 푹 빠져 있기는 했지만 소리 내어 읽어 볼 생각은 전혀 못 했어요. 재밌겠는데요?

데메테르 효과를 더 빠르게 보기 위해서는 한 가지 더 염두에 두고 낭독하면 좋아. 낭독을 시작하기 전에, 잠시 눈을 감고 상상을 하는 거야. 무대 위에서 많은 청중을 상대로 강연을 하는 내 모습을 구체적으로 상상하는 거지. 청중들이 내 이야기에 집중하는 모습을 그려봐. 그리고 그 무대를 즐기고 있는 자신의 모습도 떠올려 보고 말이야. 그러고 나서 눈을 뜨고 책을 낭독하는데 강연은 반말이 아닌 존댓말로 진행이 되겠지? 그러니까 책에는 반말로 적혀 있다 하더라도 낭독을 할 때는 존댓말로 바꿔서 낭독하는 거야. 그리고 여유가 생기면 자기 생각을 덧붙여서 애드리브를 넣는 훈련이 이어지면 좋아.

지영씨 와우, 어렵지 않겠는데요? 누가 보는 것도 아니니까 제 생각을 자연스럽게 덧붙일 수 있을 거 같아요.

데메테르 물론 훈련하는 모습을 누구에게 보여줄 필요는 없어. 하지만 본인은 반드시 봐야 해. 그러기 위해서는 낭독하는 모습을 동영상으로 찍어야겠지?

지영씨 제 모습을 보는 게 아직은 너무 민망해서요. 목소리도 제 목소리 같지 않고. 영 불편해서 보기 싫더라고요. 연습을 충분히 한 다음에 찍어서 보면 안 될까요?

데메테르 스피치 실력을 빠르게 향상시키기 위해서는 반복도 중요하지만 모니터링을 통한 피드백이 반드시 필요해. 그저 열심히 반복만 한다고 해서 스피치 실력이 좋아지는 것은 절대 아니거든.

지영씨 알겠어요. 찍어서 제 모습을 자세히 볼게요. 그런데 피드백은 데메테르 님께서 매번 해주실 건가요?

데메테르 물론 코치와 같은 전문가의 피드백을 받으면 좋겠지. 하지만 전문가의 피드백을 기다리는 것보다 영상을 찍자마자 스스로 빨리 모니터링 하는 것이 더 중요해. 중요한 것은 모니터링을 마친 다음에 두세 번 정도 같은 단계를 반복해야 한다는 점이야. 같은 부분을 또다시 낭독하고 촬영하고 모니터링 하는 거지. 이때 처음부터 너무 욕심을 가지고 낭독을 길게 하면 안돼. 자신의 모습이라고 해도 15분 정도의 영상을 계속 보고 있는 것은 아주 지겨운 일이거든. 3분에서 5분 정도만 낭독하면 좋아. 그럼 20분 정도면 낭독과 모니터링을 3번 정도 거칠 수 있게 되니까. 길게 한 번 하는 것보다 짧게 여러 번 반복하는 것이 효과적이라는 점을 꼭 기억해.

지영씨 알겠어요. 오늘부터 휴대폰을 책장에 세워놓고 틈 날 때마다 낭독할게요. 20분이 아니라 1시간씩 할거에요. 한다면 한다! 아자아자!

데메테르 그래, 지영씨가 또 시키면 열심히 잘하는 사람이니까 나도 기대가 된다. 하지만 너무 욕심을 부리면 탈이 나게 되어있어. 꾸준히 하는 것이 무엇보다 중요하니까 하루하루 빠지지 않고 훈련하면서 습관으로 만들자고. 오늘은 일단 여기까지! 다음 단계로 넘어갈 수 있다고 판단되면 그때 다시 오겠어!

데메테르는 다시 오겠다는 말을 남기고 사라졌다. 지영씨는 빨리 낭독을 해보고 싶었다. 책장에 휴대폰을 세우고 각도를 맞추었다. 그리고 가장 좋아하는 책을 골라 한 손에 들고는 책장 앞을 무대 삼아 낭독을 시작했다. 책장에 꽂힌 책들이 청중이라고 생각했다. 속도가 좀 느리더라도 청중과 시선을 맞춘다는 생각으로 휴대폰을 자주 응시했다. 그리고 낭독 중간중간에 자기 생각을 덧붙이기도 했다. 재미가 붙기 시작했다. 연습 시간이 하루 2시간을 훌쩍 넘어섰다. 그렇게 훈련을 시작한 지 3일 정도 지나자 무슨 말을 해야 할지 몰라서 머릿속이 하얘지고 말이 꼬이는 증상이 사라지기 시작했다. 하고 싶은 말이 자꾸 떠올라 급기야 낭독하는 문장보다 자기 생각과 경험을 이야기하는 분량이 늘어나고 있었다. 모니터링하는 것도 더 이상 민망하거나 두렵지 않았다.

데메테르　　지영씨, 진짜 다시 보인다. 이렇게 열심히 할 줄은 예상 못 했는데. 지영씨 안에 잠들어 있던 거인인 여신이 깨어나기 시작했나 봐. 그 누구보다 향상 속도가 빨라. 의심 없이 2단계에 들어가도 되겠어.

지영씨　　진짜요? 정말 감사해요. 데메테르 님의 칭찬에서 진정성이 팍팍 느껴져요. 하하. 저 정말 잘해보고 싶어요. 재미있어서 그런지 힘든지도 모르겠어요. 시간 가는 줄도 모르겠고요. 이제 뭘 또 훈련하면 될까요?

데메테르　　2단계는 메시지 독서법인데, 사실 지영씨가 자연스럽게 그 단계로 넘어가고 있더라고. 책 전체를 낭독하는 것이 아니라 깨달음을 주거나 마음을 울리는 문장만 발췌해서 짧게 낭독하는 거야. 2~3줄 정도가 적당하겠다. 물론 앞뒤의 이해를 돕기 위해 문단 전체를 낭독할 수도 있겠지만. 그리고 나서 자기 생각을 풀어내는 거지. 그 과정에서 자신의 에피소드가 자연스럽게 담겨지면 좋아.

지영씨   그러게요. 훈련을 하다 보니까 저도 모르게 책을 낭독하는 것보다 제 얘기를 더 많이 하게 되더라고요. 처음에 '유튜브를 해야지'라고 마음먹었을 때는 무슨 말을 해야 할지 몰라서 머리가 하얘지고 말도 자꾸 꼬였거든요. 그런데 책을 낭독하면서 말을 하니까 이야기 주제들이 자연스럽게 나오면서 주제에 맞는 제 에피소드들이 자꾸 떠오르더라고요.

데메테르   맞아. 처음에는 욕심을 내서 더 어렵게 느껴졌던 거야. 처음부터 잘나가는 유튜버처럼 되고 싶다는 무리한 목표를 가지고 접근했으니 생각에 힘이 지나치게 들어갈수밖에. 그러니까 생각이 자유롭게 흘러들어오지 못했던 거야. 말투에도 힘이 들어가고. 그래서 자연스럽지 못했던 거지. 하지만 낭독은 쉽게 느껴졌지? 목표와 접근이 가벼우니까 생각이 아주 자유롭게 흘러들어 온 거고. 힘이 빠지니까 말투도 자연스러워 진 거지. 그러니까 2단계 훈련에 들어가도 너무 힘을 주지 말아야 해.

지영씨 알겠어요. 항상 명심할게요.

데메테르 자. 2단계 훈련의 핵심은 에피소드와 메시지야. 청중들은 에피소드를 통해서 공감하게 되거든. 공감만 되면 사람의 마음은 활짝 열리게 되고 상대의 말을 쉽게 받아들이게 되지. 그러니까 책을 읽으면서 깨닫고 느꼈던 메시지를 적절한 사례 또는 자신의 에피소드로 연결하는 것이 관건이야. 그리고 마무리는 '책에서 말한 것처럼 우리 이렇게 한 번 해봐요. 우리는 할 수 있어요' 정도의 변화된 행동을 위한 메시지면 충분해.

지영씨 알겠어요. 제가 깨닫고 배운 것을 한 명의 사람이라도 깨달을 수 있도록 에피소드와 사례를 열심히 준비해 볼게요.

데메테르 그래, 열심히 하는 건 참 좋아. 정성이 들어가는 거니까. 그 에너지는 분명히 전달될 거야. 하지만 주의할 점은 내가 깨달은 메시지를 청중에게 전해서 반드시 깨닫게 해주겠다는 생각은 버려. 가볍게 접근해야 해. '나는 이 부분을 읽으면서 이런 걸 느꼈어요. 참 좋더라고요. 우리 이 책에서 말한 것처럼 이렇게 한 번 해봐요. 저도 이런 경험 해보니 이렇게 바뀌더라고요. 참 좋아서 공유해 봅니다.'라는 생각으로 말을 하는 것이 가장 효과적이야.

지영씨 아. 그렇군요. 힘을 주지 않는 것이 무엇인지 조금은 알 것도 같아요. 일단 해보면 더 잘 알 수 있겠지요. 지금처럼 늘 그랬던 것처럼 말이지요.

지영씨는 데메테르의 말을 100% 이해하려고도, 완벽해지려고 안간힘을 쓰지도 않았다. 행동하면 결과를 통해 많은 것을 이해하고 얻을 수 있다는 것을 여러 신과 훈련을 하면서 익혀왔기 때문이다. 그리고 지영씨는 결과 또한 연연해 하지 않았다. 그저 지금 행동하는 것에 집중하고 즐길 뿐.

7교시 ——

김지영 씨,
1인 방송으로 주목받는
여신이 되다

이제는 완전히 달라진 지영씨의 일상이 자연스러워졌다. 아침 운동을 하며 여신의 전문용어를 시처럼 읊었고, 집안일이 끝난 오후에는 책을 읽고 낭독을 했다. 그리고 자기 생각들을 덧붙이고 정리해서 혼자만의 강연을 펼치곤 했다. 물론 강연 모습은 지영씨의 휴대폰에 고스란히 녹화되었고, 지영씨는 틈나는 대로 자신의 모습을 모니터링했다. 지영씨는 변화되고 있는 자신이 참 신기하면서도 뿌듯했다. 그리고 행복했다. 감사함이 넘쳐났다. 불쑥 '감사한 마음을 영상 일기로 매일 남겨보면 어떨까'라는 생각이 들었다. 나중에 아이들에게 보여주면 분명 영적 성장에 큰 도움이 될 거라는 생각이 들었다. 지영씨는 영상

일기를 찍기 시작했다.

데메테르 영상 일기를 찍겠다는 생각은 정말 좋은 생각이야. 요
즘 지영씨가 여신의 전문용어를 열심히 읊더니 신성이
아주 활짝 열렸어. 도저히 자기 생각이라고는 믿어지지
않는 아이디어들이 마구 떠오르기 시작하지? 역사적으
로 유명한 천재들도 사실은 모두 똑같아. 마음을 정화
하면 내 안의 여신이 깨어나면서 신적인 능력을 발휘하
게 되지. 아주 잘하고 있어.

지영씨 그런 거지요? 그렇지 않아도 영상 일기를 찍으면서도
내가 어떻게 이런 생각을 했을까 싶었어요. 그런데 영상
일기가 은근히 어려워요. 요즘 낭독훈련으로 스피치에
대한 자신감이 상승 중이어서 쉬울 줄 알았는데 말이에
요. 중간에 지표 같은 게 없으니까 자꾸 횡설수설해요.
낭독이나 메시지 독서는 책이 중간 지표 역할을 해주어
서 쉬었나 봐요.

데메테르 오, 정확한 피드백이야. 지영씨가 이번 훈련을 통해서
자신의 스피치를 아주 객관적으로 분석할 수 있는 능
력이 생겼구나. (흐뭇한 표정으로 물개박수를 치며) 훌륭

해. 훌륭해. 이제 지영씨가 훈련해야 할 마지막 단계는 스피치 설계도야. 지영씨가 말한 '지표'라고도 볼 수 있지.

지영씨 설계도요? 설계도란 단어만 들어도 머리가 아파지네요. 전 타고난 문과생이라서 이과 쪽 단어만 들어도 쥐가 나요. 흑흑

데메테르 초등학생들도 쉽게 할 수 있는 설계도니까 걱정하지마. 그리고 신성이 활짝 열린 사람이 뭐가 걱정이야? 자꾸 부정적인 말을 하면 신성이 다시 닫힌다!

지영씨 아. 맞다! 알겠어요. 저는 뭐든지 할 수 있습니다. 가르쳐만 주세요. 하하

데메테르 영상 일기를 쓸 때 3가지 핵심으로 설계도를 짜는 거야. 종이에 간단히 메모하는 수준인데 그 메모를 표로 만드는 거지. 예를 들면 이런 표야.

데메테르는 종이 위에 표를 그리기 시작했다.

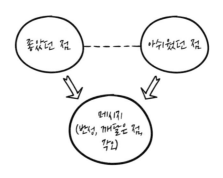

데메테르 　지금 이 설계도는 영상 일기를 위한 설계도야. 아무 준
비 없이 녹화를 시작하는 것이 아니라 간단한 설계도를
짜고 스피치를 시작하는 거지. 어느 정도 훈련이 되면
굳이 종이에 적지 않아도 돼. 너무 간단해서 머릿속에
이 설계도를 담아놓고 말하는 것도 가능해지지. 중요한
것은 메시지를 뽑아내는 훈련이야. '오늘 하루는 이렇
게 보냈다'가 중요한 것이 아니겠지? 오늘 하루의 경험
을 통해서 깨달은 것이 있을 거야. 반성이 될 수도 있고
각오가 될 수도 있지. 그 깨달음이 곧 타인과 공유할 수
있는 메시지가 되는 거지. 영상 일기를 찍는 훈련은 지
영씨가 메신저가 될 수 있는 큰 초석이 될 거야.

지영씨 　그런데 메신저가 뭐예요?

데메테르 　자신의 경험이나 지식을 메시지로 만들어 다른 사람에게 전달하는 사람이지. 유튜브를 통해 콘텐츠를 만드는 사람들도 메신저라고 할 수 있어. 자신만의 메시지로 다른 사람에게 영감을 불러일으키는 임무를 가지고 있는 사람들이니까.

지영씨 다른 사람들에게 영감을 불러일으킨다… 엄청난 역할을 하는 사람들이네요. 그런데 걱정이 드는 게 저같이 보잘것없는 경험이 다른 사람에게 도움이 될 수 있을까요?

데메테르 물론이지. 대부분의 사람이 자신의 인생을 너무 과소평가하고 있어. 조용한 사람들도 술 한 잔 마시면 누군가를 붙잡아 놓고 뭔가를 계속 얘기하고 싶어지지. 그 얘기 정도면 충분해. 자신의 얘기를 듣고 싶지 않는 누군가를 억지로 붙잡아 놓고 말을 하면 술주정이 되지만 불특정 다수를 위해 꾸준히 얘기하면 그건 메시지가 되는 거야. 불특정 다수 중에는 분명히 당신의 그 경험과 느낌, 깨달음이 간절히 필요한 사람이 있거든. 반드시 기억해둬야 할 점은 꾸준히 전달하는 거야. 메신저를 하겠다는 다짐을 했다면 꾸준히 전달해야 하는 의무가 있는 거지. 그래서 영상 일기 훈련이 필요한 거야. 일기로 접근을 하면 부담이 없기 때문에 꾸준히 할 수 있고, 또 자신의 일상을 관찰하는 힘이 생기지. 메신저로서 관찰 자가 되겠다는 생각을 하면 자신의 일상 안에서 얼마나 많은 것들이 깨달음을 주는지 알게 될 거야.

데메테르의 가르침에 지영씨는 다시 한 번 가슴 속이 뜨거워 지는 것을 느꼈다. 자신의 경험을 나누며 다른 사람들과 평생 성 장하는 삶을 가슴에 품었다. 자신의 경험과 깨달음이 단 한 사람 에게라도 전달된다면 그것으로 충분하다고 생각했다.

지영씨의 영상 일기 훈련은 단 하루도 건너뛰는 날이 없었다. 그렇게 석 달이 흘렀다. 지영씨의 영상 일기는 100편 가까이 쌓 여 있었다. 일상에서 느끼는 감정들을 담아내기도 했고, 책을 읽 으며 깨달은 것들을 자기 생각을 덧붙여 영상으로 기록하기도 했 다. 그리고 여신들을 만나서 훈련한 건강습관, 독서습관, 말습관 에 대한 정보도 자신의 경험을 바탕으로 풀어내기도 했다. 3분 정도 분량의 영상에서부터 30분 이상의 영상까지 다양했다. 지 영씨는 많은 영상 중에 메시지가 가장 확실한 30편의 영상을 골 랐다. 그리고 틈틈이 배운 편집기술로 정성껏 영상을 다듬었다.

어색한 부분은 잘라내고 이해를 돕기 위한 자막도 넣었다. 사랑받고 있는 다른 유튜버들의 영상을 참고하며 편집을 하다 보니 그럴듯한 영상들이 꽤 많이 탄생했다.

지영씨는 유튜브 채널을 개설했다. 채널 이름은 '엄마의 여신 공부방'으로 정했다. 그리고 하루에 한 편 씩 정성껏 편집한 영상을 올리기 시작했다. 처음 한두 달은 지영씨의 영상을 봐 주는 사람이 거의 없었다. 그래도 지영씨는 정말 신이 났다. 구독자가 서너 명에 지나지 않았지만 자신의 영상을 보고 댓글을 남겨주는 사람들이 있다는 것이 정말 신기했다. 사실 아무도 봐주지 않는다고 해도 지영씨는 개의치 않을 작정이었다. 자신의 공부와 훈련을 위한 영상이었고, 기록으로 남는 것이니 언젠가 아이들이 볼 수 있으면 그것만으로도 충분히 의미가 있다고 생각했기 때문이다. 그래서 더욱 진실하게 영상을 제작할 수 있었다.

아이들을 돌보랴, 집안일 하랴, 틈새 독서하랴, 운동하랴, 영상 찍고 편집하랴, 정말 바빴지만 하나도 힘들지 않았다. 오히려에너지가 더욱 가득 차는 느낌이었다. 그렇게 꾸준히 석 달이 넘어가자 어느새 지영씨의 채널을 찾아오는 구독자 수가 100명 가깝게 늘어나 있었다.

> '내 이야기에 귀를 기울이고 소통하려는 사람들이 이렇
> 게나 많다니, 도저히 믿어지지 않아.'

지영씨는 이 모든 것이 기적 같았다. 불과 몇 달 전까지만 해
도 육아와 살림에 지쳐서 남몰래 폭풍 눈물을 흘리던 경력 단절
여성이었다. 하지만 지금은 아니다. 누군가에게 메시지를 전달
하는 메신저이자 1인 크리에이터, 유튜버이다. 지영씨는 삶이 가
져다주는 모든 것에 감사했다. 지영씨는 감사함을 느낄 때마다
진심을 담아 여신의 전문용어를 읊었다.

지영씨   정말 감사합니다. 그리고 사랑합니다. 고맙습니다. 모
　　　　든 게 이루어졌습니다.

데메테르 나도 뿌듯하다. 지영씨!

지영씨   언제 오셨어요? 너무 오래 안 나타나셔서 다른 사람에
　　　　게 간 줄 알았어요.

데메테르 난 늘 당신 곁에 있었어. 그저 아는 척을 안 했을 뿐이
　　　　야. 혼자서 고요히 훈련하는 시간도 필요한 법! 그리고

워낙 잘하고 있어서 내가 굳이 나설 일이 없었어.

지영씨   데메테르 님, 정말 감사해요. 데메테르 님을 만나지 않았다면 지금 저는 어땠을까 생각하면 정말 끔찍해요. 정말 정말 감사합니다. 그리고 사랑..합니..다... 헤헤 좀 부끄럽네요.

데메테르   나도 고맙고, 진심으로 사랑해. 그리고 축복해. 당신에게 기적 같은 일이 늘 햇살처럼 쏟아질 거야. 그러니 부정적인 생각은 그저 날려버리고 항상 행복을 선택하고 하루하루 축제처럼 살길 바라. 지금처럼. 인생의 성공은 어려운 게 아니야. 몇몇 사람들이 말하는 치열한 성공법칙 따위는 신경 쓰지 마. 하고 싶은 것을 골라서 진심을 담아서 꾸준히 해나가면 당신을 찾는 사람들은 몇천, 몇만, 그 이상이 될 거야. 나를 믿어. 우리의 말은 에너지라는 것을. 그 에너지가 뭉치면 물질화 되고, 형상화되고, 사건화 된다는 것을 말이야.

지영씨   믿어요. 어떻게 안 믿어요. 제가 산 증인인걸요. 다른 사람들에게도 꾸준히 전하겠습니다.

데메테르   그래. 아주 훌륭해. 변화를 일으키는 제자는 스승을 늘 기쁘게 만들지. 그동안 많은 변화로 기쁨을 느끼게 해

쳐서 고마워. 자, 내 역할은 끝이 난거 같으니 이제 스승
의 자리를 예술과 학문의 신인 뮤즈에게 넘겨줘볼까?

지영씨   뮤즈요? 어디서 많이 들어본 거 같기는 한데… 아무튼
뮤즈 님과도 열심히 하겠습니다. 스승님, 그나저나 이
제 못 만나는 건가요? 다시 오실 거지요?

데메테르   나는 항상 당신 안에 있어. 당신 안에 있는 신성 중의 하
나라고. 난 당신이야. 당신이 곧 나고. 언제든 나를 찾
으면 나는 당신 앞에 나타날 거야.

그렇게 알 듯 말 듯 한 말을 남기고 데메테르는 사라졌다. 데
메테르의 말이 여전히 100% 이해는 안 됐지만 알 수 없는 충만
함이 느껴졌다. 그러자 습관적으로 입 밖으로 감사함이 솟구쳐
나왔다.

지영씨   감사합니다. 사랑합니다. 모든 게 이루어졌습니다.

네 번째 공부

아우라가 강력해지는 뮤즈와의

1:1 글쓰기

1교시 ─────

여신의 아우라는
어디에서 나올까?

뮤 즈 안녕~.

지영씨 깜짝이야! 혹시 예술과 학문의 신이신 뮤즈 님이신가
       요?

뮤 즈 데메테르 신이 소개를 잘 해줬나 보구나.

지영씨 네. 그렇지 않아도 다음 단계에 대해 설명해 줬어요. 기
       다리고 있었죠.

뮤 즈 요즘 활력이 많이 생겼지?

지영씨 네. 완벽한 나! 김지영의 모습으로 가고 있는 거 같아요.
       그래도 예전엔 미스코리아라든지, 여신이라든지 이런
       애기도 들었었는데~ 요즘엔 도통 들어보질 못해요.

뮤 즈　이제부터라도 늦지 않았어. 점점 여신의 모습에 다가가고 있고. 그런데 말이야. 진짜 여신의 모습이 어디서 나오는지 알아?

지영씨　그야 날씬한 몸매에 하얀 피부, 그리고 찰랑거리는 머릿결! 그게 여신의 아우라죠! 예전엔 나도 괜찮았었는데…

뮤 즈　어허! 이 전에 말습관에 대해 코치를 받았다고 들었는데… 아직도!

지영씨　아! 맞다! 그런데 그 습관이 하루아침에 변하나요? 저도 계속 노력 중이랍니다. 긍정의 언어! 저도 여신 같죠?

뮤 즈　그래! 그 누가 나를 판단해 주는 게 아니라 내가 나를 바라보는 모습이 제일 중요한 거야. 그 누가 뭐라 해도 당당함을 잃지 않고 내 모습 그대로 사는 것! 그게 바로 여신의 아우라지!

지영씨　그렇죠! 그래도 예전엔 가사와 육아에 지쳐 매일 불평, 불만만 하고 살았는데, 요샌 저도 모르게 '감사합니다. 사랑합니다.'를 입에 달고 살고 있어요. 그러니까 좀 세상이 변해 보이는 거 같기도 해요.

뮤 즈　말습관만 바꿔도 삶이 변한다니까! 이제까지는 인풋에 집중하는 거였지? 이제는 아웃풋을 내는 작업에 들어갈 거야. 진정한 나를 만나는 시간! 바로 화룡점정이라고 할 수 있지.

지영씨 아웃풋이라! 진짜 기대되는데요? 저 그럼 뭐부터 해야 돼요?

뮤 즈 성격도 급하셔라! 일단 우리 처음 만났는데 좀 서로에 대해 아는 시간을 가져야 하지 않겠어? 대충 얘기는 들었어도 말이야.

지영씨 예. 예 알았어요.

뮤 즈 그럼 질문 하나 할게. 진정한 아우라는 자신을 사랑하는 마음에서 나와. 바로 자존감이라고들 하지? 요즘 자존감 이야기들 많이 하는데, 지영씨는 자존감이 높다고 생각해?

지영씨 아니요. 그렇진 않은 거 같아요. 아직도 전 저를 잘 몰라요. 사람들 반응에 신경 쓰고, 또 누가 뭐 했다고 하면 부러워하고, 질투하고. 자존감이 높으면 그런 거에 신경 쓰지 않고 부러워하거나 그렇지 않잖아요.

뮤 즈 그렇지. 그런데 당연한 거야. 지영씨만 그런 거 아니고. 대부분이 자신을 몰라. 그런 교육을 받은 적이 없거든.

자신과 제대로 친해질 기회 말이야. 자신을 잘 아는 사람은 어떤 폭풍이 와도 끄떡없이 자신을 잘 지켜낼 수가 있거든. 그런데 대부분의 사람이 이리 휘청, 저리 휘청해. 그건 바로 자신을 잘 몰라서 그런 거야. 남편하고, 아이들이 뭘 좋아하는지, 뭘 싫어하는지 기가 막히게 잘 알아도 본인에 대해선 그런 생각을 한 적 없잖아?

지영씨　그런 것도 같아요.

뮤　즈　그러니까 본인의 인생과 상관도 없는 친구들 삶을 부러워하며 괴로워했지.

지영씨　그랬죠. 지금도 안 그러려고 하지만 나한테 있는 결핍 때문인지 또 그러고 있더라고요. 그래도 많이 회복하고 있어요.

뮤　즈　다행이야. 하지만 지금 그 기분도 상황에 따라 변할 수 있다는 거야. 지금은 여러 신이 계속해서 관리해 주니까 그나마 여기까지 왔지만, 우리가 없어지면 혼자서 얼마나 견딜 수 있을까?

지영씨　그럴 수도 있겠네요. 사람의 기분은 상황에 따라 오르락내리락 하니까요.

뮤　즈　그래서 그 모든 감정을 잘 다루기 위해 글이란 걸 써 볼 거야.

지영씨   글이요? 저 진짜 글 못 써요. 글이란 걸 제대로 써 본 적
이 없어요. 그냥 말로 하면 안 될까요? 부담이 엄청 되
는데요.

뮤 즈   그렇게 겁먹지 않아도 돼. 가볍게 시작할 테니까.

지영씨   그런데 여신의 아우라를 내는데 글은 무슨 상관이 있죠?

뮤 즈   지금 건강한 몸매를 가지는 방법에 대해 알았고, 독서하
는 방법도 알았지? 그리고 말을 어떻게 해야 하는지도.
내가 아까 그랬지. 아웃풋을 내게 해준다고. 아웃풋이란
건 뭔가 눈에 보이는 결과를 내는 거잖아. 지영씨가 책
을 읽으면서 지식을 쌓고, 여러 가지 시도를 해 보고 있
잖아. 아직은 글쓴이의 입장을 받아들이는 단계지만, 거
기에 나만의 해석을 더해보는 거야. 그런 훈련을 거쳐서
나를 찾고, 나만의 아웃풋을 낼 수 있는 거야.

지영씨   아! 그렇군요.

뮤 즈   지영씨 혹시 그런 사람 봤어? 외모가 끝내주는 사람들?
그런데 그 사람이 입을 떼는 순간 정리되지 않은 말을
속사포처럼 내뱉는다든지, 아니면 목소리가 하이톤이
라든지 할 때 어떤 느낌이었어?

지영씨　매력이 떨어지죠.

뮤　즈　그거와 같은 원리야. 반대로 외모는 특출나지 않아도 그 사람이 하는 말이 매력적이라면 아우라는 나오지?

지영씨　네. 그런 경험 있었던 거 같아요.

뮤　즈　글을 쓰면 완전히 내 걸로 만드는 작업이 돼. 그리고 글을 쓰는 사람이 말도 일목요연하게 잘하게 되고. 결국 말하기와 글쓰기는 연결된다고 할 수 있어.

지영씨　아! 그렇군요. 글을 잘 쓰는 사람은 말하는 것보다 글이 편해서라고 생각했는데… 그것도 아니었네요.

뮤　즈　글을 원래부터 잘 쓰는 사람도 있겠지만, 계속 쓰면 잘 쓰게 되어있어. 그래서 쓸 거야? 말 거야?

지영씨　써야죠! 글 잘 쓰는 게 소원이었는데~. 제가 이런 기회를 그냥 날려버릴 수가 있나요? 그런데 어려운 건 시키지 말아 주세요.

뮤　즈　그럼! 당연하지. 지금까지 오면서 어려웠던 거 있었어? 다 재미있고, 즐겁게 성장하는 코칭이었잖아. 그러니까 이렇게 지영씨가 잘 따라왔지.

지영씨　아, 그러네요.

뮤　즈　자, 그러면 여신 아우라의 끝판왕인 글쓰기 수업으로 한

번 들어가 볼까?

지영씨 네, 좋아요!

뮤 즈 그럼 종이와 펜을 준비해놔!

2교시 ──────

꿈은 꾸는 것이 아니라
쓰는 것이다

뮤 즈   종이와 펜 준비했어?

지영씨   그냥 컴퓨터로 쓰면 안 돼요? 요새 누가 종이와 펜을 써
         요?

뮤 즈   일단 내가 하라는 대로 해 봐. 컴퓨터로 쓰는 것도 좋지
         만 종이에 꾹꾹 눌러쓰면 정성이 들어가서 좋아.

지영씨   알겠어요. 잠깐만 기다리세요.

  씩씩거리면서 종이와 펜을 가지러 가는 지영씨. 또 깨닫는다.
자신도 모르는 사이에 또 불평을 하고 있었다는 것을. 하지만 이
내 깨닫고 자신의 감정을 조절한다.

지영씨   여기 가져왔어요.

뮤 즈   일단, 자신이 뭘 좋아하는지, 뭘 싫어하는지 아는 시간
         을 가져야 할 거야. 종이에 내가 좋아하는 것들과 싫어
         하는 것들을 한번 자유롭게 적어볼게.

   지영씨는 종이를 반으로 나누고 좋아하는 것들을 쓰려고 하
지만, 생각이 나지 않는다. 종이의 여백을 다 채우기가 어렵다.

지영씨   이거 되게 힘드네요.

뮤 즈   벌써 힘들어하면 안 되는데? 본격적으로 글을 쓰는 것
         도 아닌데?

지영씨   아무래도 그동안 내가 좋아하는 게 뭔지 잊어버리고 산
         거 같아요.

뮤 즈   그러면 쉽게 남편과 아이들이 좋아하는 것들을 적어보
         도록 하지.

지영씨   네. (의외로 쉽게 쓰는 지영씨)

뮤 즈   이제 느껴지겠어? 그동안 나보다는 남편과 아이들 위주
         로 살아왔기 때문에 남편과 아이들이 뭘 좋아하고, 싫어
         하는지는 잘 아는데 자신에 대해서는 점점 잊고 살아가

고 있다는 것을.

지영씨 진짜 그러네요.

뮤 즈 자신의 아우라를 내려면 자신을 찾는 것부터 시작해야
해. 내면을 들여다보려면 글쓰기만큼 좋은 건 없지. 컴
퓨터보다는 글로 꾹꾹 눌러 쓰는 게 좋고.

지영씨 그런 거 같네요. 그리고 글로 쓰니 생각이 잘 정리되는
거 같아요. 예전에는 친구와 교환일기 같은 것도 쓰고
했던 거 같은데, 쓰는 게 영 익숙지 않아요. 세월이 얼마
나 지났다고…

뮤 즈 그만하면 많이 지난 거지. 10년이면 강산도 변한다고 하
는데.

지영씨 그렇죠? 많이 지났죠?

뮤 즈 어쨌든 계속 떠올려 보면서 좋아하는 것들을 적어 보도
록 해. 다 적을 때까지 기다려 줄 테니까.

지영씨 네. 해볼게요. (애써 좋아하는 것과 싫어하는 것을 쓴 지영씨)

지영씨 새로워요. 내가 이렇게나 좋아하는 것들이 많았다니. 그
런데 많이 잊고 살았네요. 싫어하는 것들에는 오히려 무
뎌진 거 같아요.

뮤 즈 그렇지. 아무래도 미혼일 때는 오롯이 나 위주로 초점이

맞춰지는데, 결혼하고 가족이 생기면 내가 챙겨야 할 사람에게 주파수가 맞춰지게 되지.

지영씨 그랬네요. 그리고 신기해요. 다시 태어난 기분이랄까. 새로운 내가 보이는 거 같아요.

뮤 즈 어떤 갈림길에서 선택의 고민이 있을 때 이 방법을 사용하면 좋아. 어느 쪽이든 선택했을 때의 장단점을 적어보고 장점이 많은 것을 선택하면 되는 거지. 그러면 인생이 조금은 더 명확해져. 어떤 일이든 항상 남이 아닌 자신에게 묻는 습관을 들이도록 하는 것이 중요해. 그리고 이런 글쓰기를 통해 명확해지는 거고.

지영씨 정말 좋은 방법인 것 같아요. 글쓰기를 하면 명확하게 보인다는 말이 맞네요. 머리 아프고 귀찮은 거라고만 생각했는데.

뮤 즈 이게 끝이 아니지. 그동안 가족과의 관계, 남과의 관계만 신경 쓰면서 살았을 거야?

지영씨 그랬던 거 같아요. 나 자신과 관계 맺는 법을 잘 몰랐던 건 사실이죠. 있는 그대로의 나를 인정하기보다는 다른 사람에게 어떻게 보일지 고민하면서 살았죠.

뮤 즈 아무리 좋은 관계일지라도 내가 없는 관계는 무가치한 거야. 내가 행복해야 가까운 가족들도 행복한 거고. 자존감이 높으면 타인의 시선이나 말에 쉽게 흔들리지도 않지. 지난 시간에 아우라 이야기를 했지만, 그게 바로 진정한 아우라인 거야. 그런 사람들에게선 어떤 빛이 나거든. 외모에서 빛이 나는 것과 차원이 다른 빛.

지영씨 맞아요. 그랬던 것 같아요. 객관적인 외모로 봐서는 별로인데, 괜히 끌리는 사람들이 있었어요. 그 사람의 당당함과 매력 때문에 굉장히 끌렸는데, 그게 바로 자존감인 거 같아요.

뮤 즈 그렇지. 누구보다 나를 아껴줘야 하는 거야. 나 자신과의 연애를 잘하기 위해선 나에 대한 글을 하루에 5분만 써봐. 초점을 오로지 나 자신에게 맞추고 내가 좋아하는 것, 내가 싫어하는 것, 어떤 가치관으로 살아가는지, 앞으로는 어떻게 살고 싶은지 써 보고 잘 들어주는 거야. 그렇게 나를 있는 그대로 인정해주고, 칭찬해주고, 보듬어주는 거야.

지영씨 네, 하루 5분이라면 거뜬하게 할 수 있어요.

뮤 즈 우리 쓴 김에 하나 더 써 보자. 지영씨 꿈 있었지? 결혼하기 전, 아이 키우기 전, 그거 다 이뤘어?

지영씨 이루긴요~. 결혼하면서 포기한 게 더 많죠. 자연이 까먹게 되고, 꿈이 있었나 싶어요.

뮤 즈 우리 다시 한번 잊고 살았던 꿈을 꺼내서 버킷리스트를 써 보자. 지금부터 지영씨가 죽기 전에 이루고 싶은 것! 아니, 아니다. 일 년 안에 이루고 싶은 꿈 목록을 한번 써보는 거야. 꿈은 꾸는 것이 아니라 쓰는 것이거든. 그리고 꿈을 쓰면 반드시 이루어지게 되어 있어.

지영씨 오, 진짜요? 한번 써볼게요.

그리하여 지영씨는 열심히 꿈 목록을 작성한다. 현실만 바라보며 살다가, 꿈 목록을 작성하니 입가에 미소가 띄워진다. 자신에게도 이렇게 꿈이 많았다는 것을 알고 자신도 놀란다.

3교시

밤에 피었던 장미가
아침이 좋아지기 시작했다

뮤 즈   꿈 목록은 다 썼어?

지영씨   그럼요. 정말 학창시절엔 꿈이 많았더라고요. 역시 결혼
은 여자한테 불리한 건 맞는 거 같아요. 남자들은 결혼
해서 오히려 편하면 편하지 손해 보는 거 하나도 없잖아
요. 그런데 정말 여자는 너무 포기할 게 많아요. 지금 목
록을 보면서 알았어요.

뮤 즈   그거 깨달으라고 쓰라고 한 거 아닌데?

지영씨   어쨌든 쓰면서 제가 느낀 거라고요.

뮤 즈   지금부터 이뤄가라고 쓴 건데.

지영씨   이걸 다 이룬다고요?

뮤 즈 거기에 혹시 말도 안 되는 꿈이 있어?

지영씨 소싯적에 친구랑 교환일기를 쓰면서 작가의 꿈도 꿨던 거 같아요. 책 쓰는 작가요. 아! 그런데 지금 또 애들 데리러 나갈 시간이네요.

뮤 즈 지금도 할 수 있어. 오히려 글을 쓰는 작가는 나이가 들면 들수록 더 좋을 수도 있고.

지영씨 일단, 저 나갔다 올게요.

지영씨는 헐레벌떡 나갔다. 그런데 아이들을 기다리고 있는 엄마 무리에서 현주씨가 연신 "아니에요." 하면서 말을 한다. 살짝 들어가 보는 지영씨. 현주씨가 지영씨에게 책 한 권을 건넨다. 웬 선물이냐며 책을 보는 순간, 현주씨가 책을 낸 것이라는 것을 알게 된다.

뮤 즈 그건 뭐야?

지영씨 현주씨는 왜 이렇게 계속 한발 앞서가는 기분이죠? 책을 냈다면서 한 권 줬어요.

뮤 즈 그래. 어떤 기분이 들었어?

지영씨 예전 같으면 부럽다고 생각하면서 질투가 났겠지만 지금은 아니에요. "멋지다!"라고 해야겠죠. 그리고 나도 할 수 있겠다는 생각을 했어요! 그녀가 했다면 나라고 못 할 게 없으니까요.

뮤 즈 그렇지.

지영씨 저 빨리 글쓰기 수업하면 안 돼요?

뮤 즈 순서가 있는 법이야. 그동안 글 한번 써보지 않았다면서 책 한 권 쓰는 게 얼마나 많은 인내력을 요구하는 일인지 알아. 급하게 막 하면 안 돼. 선택과 집중 그리고 인내가 필요한 일이야.

지영씨 네. 물론 그렇겠지요. 그런데 예전에는 남이 뭘 이뤘다고 하면 질투가 나서 쳐다보지 않고 외면했는데, 이제는 어떻게 했을까를 알고 싶어요.

뮤 즈 그렇지. 그게 시작이야. 꿈 목록을 작성하면 그 꿈이 객관적으로 보이게 되고, 그걸 이루기 위해 행동할 것을 찾게 돼. 어떤 꿈이 있을 때나 목표가 있을 때 이루기 위해서는 그걸 세분화하는 거야. 너무 목표가 크면 마음에 부담이 되잖아. 그런데 하루하루 내가 해야 할 일에 집중해서 하다 보면 어느샌가 이루어져 있는 거지. 현주씨도 그랬을 거야. 책 한 권 쓰는데 한 번에 해냈을까? 아닐 거야. 하루에 얼마큼 하겠다 목표를 잡고 이뤄가는 거지. 그나저나 지영씨 요새 몇 시에 일어나?

지영씨 요새 7시면 일어나는 거 같아요.

뮤 즈 일어나면 뭐하지?

지영씨 책 읽어요.

뮤 즈 그래, 좋아. 거기에 30분만 더 일찍 일어나서 글쓰기 하나 추가하자. 운동도, 독서도 근육이 길러져야 하듯이 글쓰기도 근육이 길러져야 하는 거야. 운동이랑 독서라는 근육을 단련하고 있으니 거기에 하나 추가하자는 거야. 아침 1시간은 저녁 3시간과 같다는 얘기 들어봤지?

지영씨 네. 귀에 못이 박이게 들었죠. 그런데 뭘 어떻게 써야 해요? 글 쓰는 방법을 모르는데.

뮤 즈 일단은 10분만 정해놓고 프리라이팅을 하는 거야. 말 그대로 아무거나 떠오르는 글을 쓰는 거야. 맞춤법, 어법, 단어 그런 거 생각하지 말고 떠오르는 아무 글이나. 글 잘 쓴다는 작가들도 글이 술술 써지기만 할까? 시간을 정해놓고 무슨 말이라도 일단 쓰는 게 중요해. 그렇게 습관을 들이자는 거야. 그럼 당장 내일부터 시작할 수 있겠어?

지영씨   알겠어요.

　지영씨는 다음 날 아침 일어나자마자 자신만의 루틴대로 아침 의식을 치르고 종이에 10분 프리라이팅을 시작한다. '아침 일찍 일어나는 것은 피곤한 일이다'라고 시작하는 유치한 문장이지만. 그래도 종이 위에 글이 써지는 게 신기했다. 10분 후, 뮤즈가 나타나 칭찬을 해준다.

뮤 　 즈   안될 거 같은데, 어떻게든 글이 써지지? 세상에는 잘 쓴 글과 못 쓴 글의 차이보다 글을 쓰느냐, 쓰지 않느냐가 더 중요해. 그리고 30분 일찍 일어났을 뿐인데 세상 조용하지? 자신과 만날 수 있는 공간에서 가장 특별한 시간! 글쓰기도 운동과 마찬가지라서 근육을 단련해야 하는 거야. 한 번에 좋은 글이 써지는 게 아니라 계속해서 쓸 수 있는 습관을 만들어야 해. 그러면 근력이 생기는 거야. 글쓰기 근력.

지영씨   글을 쓰는 데 뭔지 모를 자유로움을 느꼈어요. 예전에는 숙제를 위한 글만 쓰다가 오롯이 내가 쓰고 싶은 글을 쓰는 거잖아요. 신기했어요. 글이 써진다는 게. 계속

해서 이 시간을 잘 활용해 봐야겠어요.

뮤 즈 알겠지만 처음의 결단은 쉬워도 계속 지속하는 것은 힘
들어. 일단은 일주일간 프리라이팅만 한다는 생각으로
글쓰기 근력을 길러봐.

지영씨 네, 알겠어요.

뮤 즈 그런데 평소 무슨 글을 쓰고 싶었어?

지영씨 에세이요. 에세이를 쓰고 싶었어요.

뮤 즈 지금 쓰는 글들이 나중에 에세이 책으로 나온다 생각하
고, 하루 10분 정도 써 보는 거야. 그렇다고 해서 너무
잘 쓰려고 힘주지 말고. 글이라는 건 잘 쓰려고 생각하
는 순간 더 안 나오는 법이니까. 그냥 가볍게. 알겠지?

지영씨 옙썰!

그동안 살아왔던 과거의 경험들. 그리고 독서를 하면서 느꼈
던 것들을 아무렇게나 쏟아내면서 지영씨는 아침 일찍 일어나는
게 기다려졌다. 예전에는 밤이 더 좋았었는데. 그렇게 밤에 피던
장미가 아침이 좋아지면서 아침에 활짝 피기 시작했다.

4교시 ——— 몸과 마음이 풍요로워지는
그녀만의 시크릿

지영씨 그런데 뮤즈 님! 제가 글을 쓰고 있기는 한데 잘 쓴 글인
지 못 쓴 글인지 모르겠어요. 검사를 받고 싶어요. 글을
쓰는 거에 대한 두려움은 없는데 이제 좀 문장력을 높이
고 싶다는 생각이 들어요.

뮤 즈 그 정도의 생각이 들었다는 건 열심히 하루하루 충실하
게 글을 썼다는 걸 의미하는데, 그럼 글쓰기 근육이 어
느 정도 길러졌다는 것이지.

지영씨 일단 아침 시간을 활용하니 좋은 거 같아요. 예전에는
목표 없이 비몽사몽 일어났지만 확실하게 루틴을 정해
놓고 해야 할 일이 생기니까 아침에 피곤해도 눈이 저절

로 떠져요. 그리고 무엇보다 아침엔 방해하는 사람이 없어서 좋아요. 가족이 모두 자고 있어 나를 귀찮게 하는 사람도 없고 정신이 맑아지는 거 같아요. 그다음 단계는 뭔가요? 이 기분이라면 정말 책 한 권 쓸 수 있겠다는 자신감도 들어요.

뮤 즈 너무 성급하지만 달라지고 있는 건 분명해.

지영씨 예전보다 더 좋아진 건 독서법인 것 같아요. 예전에는 아웃풋이 나는 독서법을 가지고 있지 않았어요. 그런데 글을 쓰면서부터 책을 읽는 방법이 변하고 있는 거 같아요.

뮤 즈 너무 성실하게 잘 따라오고 있는데? 기록하며 쓰는 것만으로도 정말 많은 것들을 이뤄갈 수 있어. 낮아졌던 자존감이 높아지는 건 물론이고, 삶이 더 행복해지지. 글쓰기에 하나 더 추가해볼까? 감사일기라고 들어봤어?

지영씨 감사일기요? 와우! 빙고! 그렇지 않아도 최근에 오프라 윈프리와 관련된 책을 읽었거든요. 오프라 윈프리가 많은 역경을 이겨내고 성장할 수 있었던 힘이 '감사일기'라고 하더라고요. 그래서 저도 쓰면 좋겠다는 생각을 하고 있었어요.

뮤 즈 우리는 일상 속에서 감사할 거리를 많이 가지고 있어. 우리가 의식하지 못할 뿐이지만. 사람들이 행복하지 않는 이유를 알아? 감사하지 않아서야. 누군가 이런 말을 했어. 기분이 우울하면 과거에 사는 것이고, 불안하면 미래에 사는 것이고, 마음이 평화롭다면 지금 이 순간을 사는 것이라고. 지금 내가 하는 일이 즐겁다면 그것이 행복의 첫걸음인 거지. 현재를 살면서 마음의 평화를 얻고 싶다면 감사일기를 쓰는 것만큼 좋은 게 없어.

지영씨 일상이 단조로워 똑같은 걸 감사하게 될 거 같은데요? 그래도 의미가 있을까요?

뮤 즈 그렇게 생각되더라도 일단 시작하는 게 좋아. 그리고 감사할 거리는 분명 달라질 거야. 감사일기를 쓸 작은 노트를 하나 준비하자고.

지영씨 이것도 물론 노트에 손으로 쓰겠죠?

뮤 즈 긴 글을 쓰는 게 아니니까, 그게 낫겠지.

지영씨 네.

뮤 즈 감사일기는 일단 다섯 가지 정도로 쓰는 게 좋아. 오늘 있었던 감사일기를 한번 말로 해 볼까.

지영씨 말로 하는 건 쉽죠.

하나. 아이들이 오늘 말썽 안 피워서 감사합니다.

둘. 남편이 일찍 들어와서 감사합니다.

셋. 저녁 식사를 가족과 함께 할 수 있어 감사합니다.

넷. 옆집 아주머니에게 받은 채소 선물 감사합니다.

다섯. 아침에 일어나 글을 쓸 수 있게 되어 감사합니다.

뮤 즈　거봐. 술술 나오지?

지영씨　감사할 게 별로 없다고 생각했는데 그래도 감사할 게 있
네요.

뮤 즈　그렇게 일상적인 것을 쓰면 되는 거야. 감사일기도 훈련
인 거지! 감사할 게 정 없을 땐 날씨에 감사해도 되고,
상투적인 거에 감사해도 되겠지만, 소소한 거라도 어제
와는 다른 것들로 감사하는 습관을 익히면 정말 풍요로
워지는 경험을 할 수 있어.

지영씨　이렇게 다섯 가지만 써도 풍요로워진 거 같아요.

뮤 즈　오, 좋은데. 그럼 한 단계 더 앞으로 나가볼까. 정말 인
생이 풍요로워지는 나만의 시크릿을 알려줄게. 그건 바
로 미래에 대한 감사일기를 쓰는 거야.

지영씨　미래에 대한 감사일기라뇨?

뮤 즈　지금은 과거와 현재에 대한 감사일기를 썼잖아? 미래

에 대한 감사일기를 쓰면 꿈이 더 빨리 실현되는 것을
돕지.

지영씨 어떻게 쓰는 건데요?

뮤 즈 우리 저번에 버킷리스트 썼었지?

지영씨 네.

뮤 즈 그걸 보면서 빨리 이루어졌으면 좋겠다는 일을 다섯 가
지만 골라보자.

지영씨 다섯 가지요?

뮤 즈 그래.

지영씨 네. 골라볼게요.

뮤 즈 그러면 거기서 한 가지만 읽어볼까?

지영씨 올해 가기 전에 책 한 권 낸다.

뮤 즈 이제 그 할 일을 완료형으로 바꿔볼게.

지영씨 아직 일어나지 않은 일인데요?

뮤 즈 응. 그게 포인트야.

지영씨 올해 내 이름으로 된 책이 나왔다.

뮤 즈 그래 그거야. 그리고 그 뒤에 '감사합니다.'를 붙여 주는
거야. 미래 감사일기는 앞으로 일어날 일에 대한 소망과
희망에 대해 감사를 미리 하는 거야. 다시 한번 해볼 수

있어?

지영씨　네. 올해 내 이름으로 된 책이 나왔습니다. 감사합니다.

뮤　즈　기분이 어때?

지영씨　아직 이루어지지 않았지만, 진짜 이루어진 거 같은데요?

뮤　즈　그렇지. 끌어당김의 법칙이야. 성공한 많은 사람이 말하
는 성공의 법칙은 '미리 꿈꾸고, 상상하라'야. 그리고 말
하고 계속 쓰는 거지. 많은 사람들은 성공의 법칙이 뭔
가 대단한 거에 있다고 생각하지만, 그렇지 않아. 아주
단순한 것에 있지. 그리고 무엇보다 꾸준함에 있어. 그
사실을 잊지 마. 지금 이 모든 훈련들. 그런 의미에서 나
는 감사일기를 돈 안 들이는 인생 최고의 마법이라고 말
하고 싶어. 진짜 감사만 해도 기적이 일어나거든.

지영씨　돈이 들지 않는 인생 최고의 마법을 알려 주셔서 감사합
니다. 아, 그런데 감사일기는 언제 쓰는 게 좋아요? 아
침에 일어나서? 아니면 밤에 자기 전에?

뮤　즈　하루를 마치기 전도 괜찮고, 아침에 일어나서 전날 감사
했던 일을 떠올려도 괜찮아. 아니면 두 번 다 써도 좋고.

지영씨　질문했다가 분량만 더 늘어난 기분이네요. 그래도 좋아
요. 저는 아침에 일어나서 적는 거로 할게요.

뮤　즈　　그래. 그렇게 해. 내가 꾸준히 할 수 있는 편한 시간에 하는 것이 제일 좋으니까.

아우라가 강력해지는 뮤즈와의 1:1 글쓰기

5교시 ——————

글을 잘 쓰게 되는
습관에 대해 알려드려요

일주일 후에 찾아온 뮤즈. 지영씨는 오늘도 어김 없이 아침 6시 무렵에 일어나 독서를 하고, 프리라이팅을 하고 있는 중이다. 몰입해서 글을 쓰는 지영씨를 지켜보던 뮤즈가 10분이 지나 알람을 울렸는데도 계속해서 쓰고 있다.

뮤 즈 오, 제법 쓰는 거 같은데?

지영씨 깜짝이야. 인기척 좀 하고 오세요. 맨날 뜬금없이 등장
하셔.

뮤 즈 그게 내 매력인걸. 몰입도가 확실히 좋아졌는걸?

지영씨 처음엔 하얀 종이만 바라보고 있었는데, 이제는 두서없

이 쓰다 보니 글이 아닌 거의 토로하는 수준이에요. 그래서 말인데 제 글에 대해 점검을 받고 싶어요.

뮤 즈　글에는 정답이 없는데도.

지영씨　그렇죠! 그래도 정답은 없지만 잘 쓴 글은 있지 않을까요?

뮤 즈　물론 잘 쓴 글은 있지.

지영씨　글 잘 쓰는 방법에 대해 알고 싶어요. 한계가 오는 거 같아요. 매일 한정된 단어와 문장을 쓰고 있다니까요. 영어 공부할 때랑 비슷한 한계를 느끼는 거 같아요. 발전하는 것 같다가 어느 순간 정체되어 있는 기분을 느낀다니까요. 내가 한국어에 이렇게 한계를 느낄 줄이야.

뮤 즈　그렇게 느낄 때가 성장하고 있다는 증거지.

지영씨　그러면 어떻게 해야 한계를 뛰어넘을 수 있나요?

뮤 즈　그럴 땐 필사를 적극적으로 추천해. 닮고 싶은 사람의 글을 한번 필사해 보는 거야. 자신만의 문체를 찾고 싶은데 못 찾는 사람들 있잖아. 그럴 때의 방법이야. 처음부터 자신만의 문체를 가지기는 힘들어. 이것저것 해보면서 자신의 경험을 바탕으로 자신에게 맞는 일을 찾아가듯이 글 또한 마찬가지야. 그냥 읽고 흘리는 것과 쓰는 것은 다르잖아. 그러면서 자신만의 스타일을 만들어 나가는 거지.

지영씨 어떤 사람은 필사하다가 자신도 모르게 쓴 글이 표절 의혹을 받았다고도 하던데요.

뮤 즈 그 정도로 한 작가의 글에 빠져 있었다는 증거지. 그리고 그만큼 열심히 필사했다는 증거고. 내가 좋아하는 사람이나 함께 하는 사람을 닮아가는 것처럼 그 일환이라 생각해. 그렇다고 내가 없어지나? 그런 거 아니잖아. 그렇게 다양하게 시도를 해 보다가 자신만의 스타일을 찾게 되는 거야. 혹시 그게 겁나서 필사를 안 하겠다고 핑계 대려는 것은 아니지?

지영씨 어떻게 아셨지? 에이! 그건 농담이에요.

뮤 즈 두 번째로는 국어사전을 자주 보는 것도 추천해.

지영씨 국어사전요?

뮤 즈 국어사전을 옆에 놓고 심심할 때마다 들춰 보는 거야. 우리말이 이렇게나 다양했다는 것에 대해 놀랄걸? 그리고 글을 쓸 때, 다양한 어미로 써 보는 거야. 자신이 유독 많이 쓰는 어미가 있다는 것을 발견할 거야. 그걸 좀 다양하게 써 보는 거야. 예를 들어 문장의 마지막에 '했다.'를 많이 쓸 수도 있는데 의식적으로 '바람이다.'라거나 '어땠을까?' '하리라.' 등의 어미를 찾아서 써 보는 거지. 단어 또한 마찬가지로 똑같은 단어를 계속해서 쓰지 말고, 비슷한 다른 단어로 계속 변형해서 쓰는 연습을 하는 거야.

지영씨   의식적으로 찾아야 하는 거군요. 그냥 뚝 하고 나타나는 게 아니라…

뮤 즈   그렇지. 모든 게 그런 거 아니겠어? 그리고 마지막으로 평소에 '관찰'하는 습관을 들이라고 말하고 싶어. 사람과 사물을 관찰하고, 행동을 관찰하고 그런 것들을 세밀하게 표현하는 습관만 길러도 명작이 탄생하는 거야. 뭔가 대단한 것을 써야 글을 잘 쓰게 되는 게 아니라 평소의 습관이 중요한 거지. 어니스트의 《노인과 바다》를 예로 들어볼까? 이 책을 보면 굉장히 지루할 수도 있지만 노인을 묘사하는 장면에서는 세밀함 그 자체거든. 우리가 노인의 모습을 상상하려 하지 않으려 해도 머리에 그려지지. 그렇게 그림을 그리듯 표현하면 돼. 그건 바로 관찰의 힘에서 나오는 거고. 내가 지금 글 쓰는 습관에 대해 몇 가지 말을 했지?

지영씨　세 가지요. '필사하라. 국어사전을 자주 들여다보라. 관찰하라.'

뮤 즈　참, 이것도 빼놓을 수 없지. 평소에 메모하는 습관도 중요해. 평소에 번뜩이는 생각이 들 때가 있잖아. 그런데 그냥 스쳐 지나가지. 나중에 떠올려 보려는데 생각은 안 나고. 그때그때 바로 메모하는 습관이 중요해. 그 메모가 정말 대단한 아이디어로 발전할 수 있는 거고. 글을 쓸 때도 효자 노릇을 톡톡히 할 수도 있지.

지영씨　아! 오늘 또 수첩 하나가 추가되겠네요.

뮤 즈　짧은 메모들은 스마트폰을 이용해도 돼. 앱도 많이 나와 있잖아.

지영씨　웬일이래요! 아날로그 뮤즈 여신님께서 오늘은 앱을 쓰라고 추천해 주시고.

뮤 즈　아날로그로 해서 좋은 건 그렇게 하는 거고, 디지털이 유용할 땐 이용을 해야지.

지영씨　이렇게 하다 보면 저도 책을 쓸 수 있을까요? 현주씨가 자기가 쓴 책이라면서 줄 때 정말 많이 놀랐어요. 그동안 티도 하나도 안 냈는데 말이죠.

뮤 즈　예전에는 책을 쓰는 작가는 특별한 사람들만 하는 거라고 생각을 했는데, 요즘은 많이 대중화됐지?

지영씨 네. 그런 거 같아요. 부쩍 책 쓰는 사람이 많아졌어요. 주변을 봐도. 전 예전에 죽기 전에 책 한번 내 보는 게 소원이라는 생각을 했었어요.

뮤 즈 왜 죽기 전에 내? 지금 내면 안돼?

지영씨 예전에 그랬다고요. 지금은 이제부터 하면 될 거 같아요.

뮤 즈 이제 때가 된 거 같네.

지영씨 무슨 때요?

뮤 즈 본격적인 책쓰기 수업을 할 때. 책쓰기는 자기계발의 끝판왕이라고 할 수 있어. 그럼 내가 책쓰기의 모든 것에 대해 다음 시간에 알려줄게.

지영씨 정말요? 너무 기대돼요.

　지영씨는 그렇게 자신의 삶을 하나 하나 변화시켜 가고 있었다.

6교시 ———

당신이 알고 싶었던
책쓰기의 모든 것

일상에서 글쓰기 습관이 붙은 지영씨. 한 단계 더 앞으로 나아가 자신이 쓴 글이 책으로 나오면 얼마나 좋을까 하고 상상을 하고 있었다. 상상만으로도 행복한 표정을 짓고 있는데…

뮤　즈　뭐가 그렇게 행복해?

지영씨　얼마나 기다렸다고요. 왜 이렇게 늦으셨어요?

뮤　즈　이젠 날 기다리기까지 해?

지영씨　당연하죠! 제 이름으로 된 책이 나오면 얼마나 행복할까 상상하고 있었어요.

뮤 즈 그럴 줄 알았지! 그럼 바로 본론으로 들어가 볼까? 당신이 알고 싶었던 책쓰기의 모든 것에 대해 내가 말해주지!

지영씨 정말 기대돼요!

뮤 즈 그런데 책을 쓰려고 하는 이유가 뭐야?

지영씨 그러게요! 멋지잖아요!

뮤 즈 멋지다는 거 하나만으로 책을 꾸준히 집필할 수 있는 동기가 될까? 어쨌거나 책을 내려고 하는 이유는 사람마다 다르니 그에 대해선 뭐라 할 수 없는 거고! 그러면 일단 책을 기획하는 것에서부터 출간되는 것까지 그 프로세스에 대해 알려줄게.

지영씨 네.

뮤 즈 책을 쓰는 데 가장 중요한 요소는 뭐라고 생각해?

지영씨 글솜씨?

뮤 즈 글 잘 쓰는 사람의 책이 잘 팔릴 거 같지? 그런데 사실 요즘엔 그렇지도 않아. 그리고 책쓰기는 글쓰기의 한 부분이긴 하지만 책쓰기와 글쓰기는 좀 다른 것도 같아.

지영씨 좀 헷갈리는데요? 뭐가 달라요? 책쓰기가 글쓰기 아닌가?

뮤 즈 글쓰기는 온전히 나로부터 시작하지! 내 안에서 나오는 것! 책쓰기도 물론 그렇긴 하지만 책쓰기는 어떤 장르의 책을 쓰느냐에 따라 좀 다른 것도 같아. 하지만 한 가지 확실한 건 책 한 권을 쓰는 데는 엄청난 인내력이 요구된다는 거지. 그래서 한 권의 책을 완성하고 나면 자존감이 올라가 있을 거야.

지영씨 그렇겠죠. 벌써 시작도 전에 자존감이 올라가 있는 거 같은데요?

뮤 즈 그래도 많은 사람이 듣고 싶어 하는 이야기를 써야겠지? 내가 하고 싶은 이야기 말고.

지영씨 그렇죠.

뮤 즈 많은 사람이 관심 있어 하는 얘기가 뭔 거 같아?

지영씨 돈, 성공에 대한 이야기? 아니면 부동산?

뮤 즈 그런데 지영씨 그런 거 쓸 수 있어? 그런 부분에 대해 경험 있어?

지영씨 아니요.

뮤 즈 그럼 지영씨가 쓰고 싶은 분야는 뭐야?

지영씨 예전에는 에세이를 쓰고 싶다는 생각을 했는데요. 지금은 잘 모르겠어요.

뮤 즈   누구든 그래. 자기가 잘 쓸 수 있는 분야와 자기가 쓰고
       싶은 분야는 다를 수 있어. 처음에는 어떤 책을 쓸지 주
       제를 정하는 것이 중요해. 주제를 정할 땐 지영씨가 관
       심 있는 것, 지영씨가 이제껏 몸담았던 분야, 잘 아는 분
       야, 그리고 앞으로 하고 싶은 꿈과 연결 지어서 책 주제
       를 선정하는 것이 좋아.

지영씨   네! 알겠습니다. 어떤 분야가 좋을지 생각을 해 볼게요.

뮤 즈   책을 쓸 때는 이 기획 단계가 아주 중요해. 책의 콘셉트
       를 정하는 단계!

지영씨   콘셉트를 정했으면 그다음엔 어떻게 해야 해요?

뮤 즈   콘셉트를 정했다면 그와 관련된 도서들을 분석해 보는
       거야. 그리고 책을 어떻게 구성할지 생각해야겠지. 말
       그대로 뼈대를 세우는 거야. 건물을 지을 때 설계도가
       필요한 것처럼. 어떤 사람들은 글을 다 쓴 다음에 나중
       에 그것을 분류한다고 하는데 그건 에세이 분야에는 그
       렇게 할 수 있지만, 자기계발서나 다른 분야 같은 경우
       뼈대를 먼저 세우고 쓰는 것이 좋다고 봐. 그렇다면 책
       에서 제일 중요한 건 뭘까?

지영씨   제목요.

뮤 즈 빙고!

지영씨 저도 제목을 보고 책을 볼지 안 볼지 결정하는걸요!

뮤 즈 그래서 임팩트 있는 제목과 목차를 먼저 정하는 것이 중요해.

지영씨 목차도 먼저 정해야 해요? 글을 다 쓰고 나중에 정하는 거 아니에요?

뮤 즈 그렇게 쓰는 사람도 있겠지만 목차를 먼저 쓰는 걸 추천해. 뼈대를 세우는 게 바로 제목과 목차를 만드는 일이야. 제목과 목차를 만들어놔야 나중에 글을 쓸 때 주제에 벗어나는 일들을 방지할 수 있어.

지영씨 아! 그런 거군요.

뮤 즈 책 한 권을 완성하기 위해선 어느 정도의 글을 써야 한다고 생각해?

지영씨 가만있어 보자. A4 용지로 했을 때 200매 정도요?

뮤 즈 그렇게나 많이? 조금만 줄여봐.

지영씨 그럼 150장이요.

뮤 즈 아니! 보통 A4 용지 한글 파일로 100매에서 110매 정도면 돼.

지영씨 아직 쪽수에 대한 감이 없는 거 같아요.

뮤 즈 이해해. 글을 써 본 적이 없으면 감을 잡을 수가 없지. 책을 읽을 때 소주제 있잖아. 우리가 그걸 꼭지라고 부르는데 꼭지가 몇 개 정도가 들어갈 거 같아?

지영씨 50개 정도요?

뮤 즈 통상 40꼭지라고 생각하면 돼. 그럼 한 꼭지당 몇 장의 글을 써야 하는 걸까?

지영씨 와우! 수학 공부하는 거 같은데요?

뮤 즈 간단하잖아.

지영씨 100매라고 봤을 때 40꼭지면 두 장 반 정도가 나오는데요?

뮤 즈 역시 똑똑해! 한 꼭지당 두 장에서 두 장 반 정도를 쓰면 돼.

지영씨 뭔가 별거 아닌 느낌적인 느낌이 드는데요?

뮤 즈 A4 두 장 쓰는 건 어렵지 않지? 책 한 권 쓰는 건 어려울 거 같은데.

지영씨 당연하죠.

뮤 즈 그럼 하루에 한 꼭지씩 쓴다고 했을 때 얼마나 걸리지?

지영씨 40일이요. 와우! 책 한 권 나오는데 40일밖에 안 걸린다고요? 몇 년 써야 나오는 게 책 아니었어요?

　　　　　　　아우라가 강력해지는 뮤즈와의 1:1 글쓰기

뮤 즈 이게 바로 스몰 스텝의 힘이지. 그런데 우리가 매일매일 글을 쓴다는 게 가능할까? 여러 가지 일들이 있잖아. 살다 보면 바로바로 처리해야 하는 일들이 있어. 그러면 글쓰기는 자연히 뒤로 물러설 수밖에 없겠지.

지영씨 그렇죠.

뮤 즈 내가 아침 시간을 활용하라고 했지. 그래서 지영씨한테 아침 한 시간만 활용하라고 말했던 거고. 그렇게 글쓰기 근육을 기르게 한 거야. 그렇지 않으면 매일 글을 써나가는 게 쉽진 않으니까. 그리고 아무리 40일을 매일 쓴다고 해도 글쓰기라는 게 공부처럼 꾸준히 뭔가를 습득하는 게 아니잖아. 창조적인 활동이기 때문에 글이 잘 써지는 날도 있고, 안 써지는 날도 있다는 거지. 그럼에도 불구하고 중요한 건 쉬지 않고 어떻게든 한 꼭지씩 매일 써나가는 게 중요한 거야.

지영씨 그렇겠네요. 만약에 다 썼어요. 그러면 어떻게 해요?

뮤 즈 다 썼으면 한 일주일 푹 쉬면서 기분 전환을 하고 탈고를 하는 게 중요해. 그리고 나서 보면 글이 다시 보이거든. 안 보이던 것들도 보이기 시작하고.

지영씨 탈고까지 다 했다면요?

뮤　즈　원고를 가지고 출판사에 피칭을 하는 거야. 서점에 가서 책을 보면 책 뒷부분에 출판사 이메일이 있지. 그걸 수집해서 피칭을 하는 거야. 기존 작가들은 이 과정을 출판사에서 먼저 기획해 출판을 의뢰하는 경우도 있어. 그런데 신인 작가들은 통상 이 방법으로 책을 많이 내곤 해.

지영씨　저도 이제 책을 펴내기 위한 글쓰기 시간을 가져야겠네요. 그렇게 꾸준히 40일 동안 써 볼게요. 40일이라는 시간을 투자해서 책이 나온다고 하면 정말 안 할 이유가 없는데요?

뮤　즈　그렇지? 건투를 빌어. 모든 건 자신과 싸움이야.

지영씨　네. 내일부터 당장 프로젝트 들어갑니다.

7교시 ─────

김지영 씨,
꿈에 그리던
작가로 데뷔하다

그렇게 책쓰기 목표가 생긴 후로 아침에 일어나는 게 더 좋아진 지영씨. 하루하루 그냥 흘려보냈던 자투리 시간도 글을 쓰거나 책을 읽는 데 할애하기 시작했다. 그리고 아침 시간이 아까워 하루에 5분씩 일어나는 시간을 앞당겼다. 그리고 온전히 책쓰기에 집중하기 시작했다. 어느 날 저녁, 오랜만에 친구한테 전화를 받은 지영씨.

친 구 　지영이니? 어머 진짜 오랜만이다. 우리 오랜만에 7공주 뭉치려고 하는데, 시간 어때?

지영씨 　언제? 오전 아니면 저녁?

친　구　저녁이지. 아이들 시댁에 맡기든지 아니면 남편한테 맡기면 안 돼?

지영씨　좀 힘들 거 같은데. 요즘 일찍 일어나고 있어서 일찍 자야 해.

친　구　웬일이야! 야행성 중의 야행성이었던 친구가. 밤에 피는 장미 아니었나.

지영씨　요즘에 아침에 일어나는 게 좋아졌거든.

친　구　이게 다 웬일이래! 몇 년 만에 한번 모이는 건데 어떻게든 시간 내봐! 서운하다.

지영씨　안 될 거 같아.

친　구　뭐가 이리 단호박이야!

지영씨　안 되는 건 확실히 말해줘야지~

친　구　우유부단의 극치였던 김지영 맞아? 내가 전화를 잘못한 건가?

지영씨　아니야. 미안해. 다음에 연락하자.

친　구　아. 알았어.

　지영씨는 변하고 있다. 자신을 사랑하고, 자신에 대한 명확한 꿈과 목표가 생긴 이후로 소비되었던 시간의 생산자가 되기 시작했다. 그리고 왕년에 거절 못 해 자신의 시간을 남을 위해 썼던 지영씨는 쓸데없이 소비되는 시간에 대해 명확히 거절하기 시작했다. 이것만으로도 지영씨에겐 큰 발전이었다.

뮤 즈 오~ 진짜 많이 변했는데!

지영씨 그동안 생활이 많이 변한 거 같아요. 예전에는 엄마들끼리 모여서 애들 학원 얘기하고 화장품 얘기하고, 그런 거에 관심이 있었는데 이제는 그런 것들에 흥미가 안 생겨요. 나답게 살고, 성장하고 발전하는 게 훨씬 재밌어요.

뮤 즈 그런 시간을 가져봤기에 지금 이 시간들이 소중한지 알고 집중할 수 있는 거야. 사람마다 변화의 타이밍이 있는 거지. 지영씨는 지금이 타이밍인 거고.

지영씨 그런 거 같아요.

뮤 즈 40일 동안 자신과의 싸움에서 승리하길 바래!

지영씨 네, 감사합니다.

지영씨는 매일매일 글을 쓰기 시작했다. 그 결과 계획한 시간을 훌쩍 넘겼지만, A4용지 100매의 원고를 완성할 수 있었다. 작은 습관의 힘을 믿고 느꼈다. 마지막 원고를 마무리하고 가족들과 함께 여행을 다녀왔다. 그리고 새로운 시선으로 원고를 봤더니 뮤즈 님의 말처럼 정말 고칠 곳이 많았다. 그래도 인내력 없던 지영씨가 이렇게 책 한 권 분량의 원고를 완성할 수 있다는 건 기적과도 같은 일이었다. 무엇보다 차곡차곡 쌓아왔던 독서습관도 한몫했다. 드디어 출판사에 피칭을 하는 날이 왔다.

뮤 즈　좋은 꿈 꿨어?

지영씨　뮤즈 님 오셨어요?

뮤 즈　그동안 지영씨 기다리느라 힘들어 죽는 줄 알았네! 기분이 어때?

지영씨　완전히 날아갈 거 같아요. 뿌듯해요. 제 자신이 대견해요.

뮤 즈　거봐! 내가 책쓰기가 자기계발의 끝판왕이라고 했지?

지영씨　정말 그런 거 같아요. 진짜 출판사에서 연락이 올까요?

뮤 즈　좋은 원고를 썼으면 서로 앞다투어 연락이 올걸?

　떨리는 마음으로 출판사에 피칭한 지영씨. 다섯 군데 출판사에서 계약하자고 연락이 왔다. 처음 출판사에서 연락을 받았을 때 뛸 듯이 기뻤다. 뮤즈 님과 상의를 하여 그중에서 가장 책이 빨리 나오고 성향이 맞는 출판사와 계약을 진행했다. 이제 지영 씨도 작가가 된 것이다. 죽기 전에라도 이루었으면 생각했던 소원이 이처럼 빨리 이루어지다니. 뭐든 결단의 순간부터 그리고 실행을 한 순간부터 그 꿈을 이루는 발걸음을 내디뎠다고 생각한다. 지영씨는 자신의 책이 베스트셀러가 되었다는 생각을 매일같이 한다. 이제 끝이 아니다. 이제 본격적인 지영씨의 인생 2막이 시작된 것이다. 책이 나오면 강연회도 열어야 하고, 이래저래 마음이 분주하다. 지영씨에게 새로운 꿈이 생겼다. 육아하느라 자신의 꿈을 잃어버린 엄마들에게 '할 수 있다'는 마음을 심어 주는 동기부여가가 되는 것이다. 그러기 위해서 마음을 더 단단히 챙겨야 함을 느낀다. 모든 건 마음에서 시작되기 때문이다.

다섯 번째 공부

마음을 다스리는 아르테미스와의
1:1 마음공부

누구에게나 한번은 오는
인생의 전성기

지영씨의 하루는 무척 바쁘다. 이제 새벽 5시 무렵 기상해서 운동하고, 책을 읽고, 필사하고, 글을 쓴다. 그리고 7시가 되면 남편을 깨워 출근 준비를 도와주고 8시가 되면 아이들을 깨워 씻기고 입히고 아침을 먹여서 등원을 시킨다. 부랴부랴 집에 돌아와 간단히 아침 식사를 마치고 집안 정리를 전투적으로 진행한다.

'어머, 벌써 10시네. 시간이 없어. 집안 정리를 빨리 마치고 유튜브 방송 준비해야 하는데.'

마음이 급해 발을 동동거리며 바쁘게 움직이고 있는데 전화벨이 울린다. 친구가 오랜만에 전화를 걸어온 것이다. 지영씨는 잠시 망설였지만, 전화를 받지 않았다. 분명 시시콜콜 이야기를 길게 늘어놓을 것이 뻔하기 때문이다. 예전에는 친구와 수다 떨며 서로 이해해주고 공감해 주었지만 지금은 무의미한 일 같기만 하다. 그럴 시간이면 책 한 페이지를 더 읽고 글 한 문장을 더 쓰는 것이 훨씬 생산적일 거 같다. 이렇게 생각하니 지영씨 스스로가 친구들과 레벨이 다르게 느껴지고 이상한 우월감이 올라온다.

신경 써서 화장을 하고 유튜브 방송 녹화를 시작했다. 책을 쓰면서 참 힘들었지만 그만큼 하고 싶은 이야기와 메시지가 많아졌다는 것을 느꼈다. 그리고 자신이 하고자 하는 이야기에 대한 확신도 생겼다. 확신이 생긴 만큼 지영씨의 방송 진행 능력도 눈에 띄게 좋아졌다. 지영씨의 아우라가 점점 더 강해지고 있었다. 지영씨는 구독자들의 응원 댓글을 보면서 참 행복했다. 그리고 욕심이 생겼다. 더 유명해지고 싶은 마음, 더 많은 구독자를 만들고 싶은 마음… 지영씨는 유튜브 방송에 더욱 집착하고 있었다. 방송 녹화를 하는데 갑자기 전화벨이 울렸다. 보통 녹화 중에는 무음으로 해 놓는데 그날은 미처 하지 못했나 보다.

지영씨	여보세요.
전 화	안녕하세요! 김지영씨 되시죠? 여기는 K 방송국이고,
	○○ 프로그램 작가인데요. 저희 프로그램에 게스트로
	출연을 해주실 수 있을까 해서 연락드려요.
지영씨	(이게 꿈이야 생시야 하는 표정으로) 네! 잠시만요. 제가 스
	케줄을 한번 보고 말씀드릴게요. 녹화 날짜는 언제인가
	요? ……. 제가 바로 연락드리도록 할게요. 감사합니다.

지영씨는 방송국에서 온 전화에 내심 놀랐지만 태연하려고 애썼다. 기다리던 방송 섭외 요청이다. 프로다운 모습을 유지하며 여유를 가지고 작가와의 통화를 마쳤다.

전화를 끊기가 무섭게 또 다른 번호로 전화가 왔다. 이번에는 도서관이라고 했다. 출간된 책을 보고 전화를 한다면서 강연 요청을 해왔다. 마다할 리가 없었다. 그동안 꿈꿔왔던 일들이 현재 진행형으로 펼쳐지고 있었다. 꿈이 이루어진다는 것은 노력하는 데 시간이 많이 걸려도 어느 한순간 갑자기 이뤄진다는 생각이 들었다. 그리고 그 기회의 중심에 지영씨가 있었다.

기회는 있을 때 잡아야 하는 법! 그동안 지영씨를 외면하던 세상은 그녀의 이야기를 궁금해했고 필요로 했다. 말 그대로 지영씨의 인생에서 최대의 전성기를 맞고 있었고, 그 덕에 자존감이 한껏 올라갔다. 그야말로 신바람 나는 인생이 매일같이 펼쳐졌다.

　세상을 피라미드 구조라고 한다면 예전에는 피라미드의 중간 정도에 있는 것 같았는데 지금은 꼭대기에 올라와 있는 느낌이다. 방송에 나가고 지영씨를 알아보는 사람도 많이 생겼다. 지영씨의 인생이 사람들로부터 귀감이 되고 주목받고 있었다. 지영씨는 지금의 이런 상황이 싫지 않았다. 즐기고 있었다.

지영씨　(녹화된 영상을 편집하며) 아우, 오늘은 왜 이렇게 발음이 꼬이지? 며칠 잠을 잘 못 잤더니 혓바늘이 돋아 말하는 것이 좀 힘드네. 구독자들이 내 발음이 둔하다고 댓글을 남기면 어쩌지? (다시 편집에 집중하며) 휴… 오늘 헤어 스타일도 별로다. 얼굴이 너무 길어 보여. 지난번에 얼굴만 크게 보여 부담스럽다는 댓글도 있었는데… 이번에도 비하 댓글이 올라오면 어쩌지… 미용실에 가야겠다. (시계를 보다가) 에효… 미용실에 다녀올 시간이 없네. 이제 곧 아이들 하원할 시간이야. 저녁도 준비해야 하고. 시간이 너무 없다.

편집을 하다 말고, 밖으로 나와 아이를 기다렸다. 예전에 데면데면했던 엄마들이 지영씨를 새로 보기 시작했고, 지영씨를 향한 부러움의 시선도 온몸으로 느낄 수 있었다. 연재 엄마, 현주씨도 보였다.

현주씨 어머! 지영씨 아니야. 요새 너무 바쁘지? 지영씨 정말 대단한 것 같아. 방송 출연까지 하고~ 이제 유명 인사가 다 됐어. 애들이 엄마 자랑스러워하지?

지영씨 유명 인사는 무슨! 나도 내가 이렇게까지 될지 몰랐어. 애들도 좋아하지만, 무엇보다 시어머님이 너무 좋아하시네.

현주씨 그러게, 얼마나 좋겠어! 요즘 꽃길을 걷는 기분일 것 같은데~ 이제 우리 아파트에서 지영씨 모르면 간첩이라니까! 엄마들이 모이면 지영씨를 얼마나 부러워하는지 몰라.

지영씨 부러워할 것까지야… 누구나 다 할 수 있는 일인데.

현주씨	누구나 다 하다니! 지영씨니까 할 수 있는 거지!
지영씨	나 너무 비행기 태우는 거 아니야? 오늘 내가 밥사야 하나?
현주씨	아니야. 진심이야. 진심으로 부럽고. 계속 그렇게 승승장구하길 바래. 못다 한 얘기는 다음에 하고!
지영씨	알았어. 고마워, 현주씨.

현주씨의 말에 지영씨는 입가에 미소가 번졌다. 그 이후로도 계속해서 방송 출연과 강연이 이어져 들어왔으며 지영씨의 온라인 팬카페도 생겼다. 유튜브 방송과 책 집필까지 지영씨에겐 눈코 뜰 새 없이 바쁜 생활이 이어졌다. 체력적으로는 힘들었지만 그래도 신이 났다.

지영씨는 서둘러 편집을 마치고 주방으로 달려가다시피 했다. 냉장고 문을 열어 저녁 준비를 하려다가 갑자기 볼 일이 보고 싶어 화장실로 뛰어갔다. 자기도 모르게 '바쁘다 바빠'를 연발하면서 저녁 준비를 마치고, 아이들을 씻기고 밥을 먹이면서도 지영씨의 머릿속은 읽어야 할 책의 목록을 떠올리느라 분주했다. 방송과 강연을 더 잘하기 위해서 주문한 책이 책상 위에 쌓여 있었기 때문이었다.

'아이들 밥 먹이고 좀 놀아주다가 일찍 재우면 10시니까,
10시부터 새벽 1시까지 3시간은 온전히 내 시간으로 쓸
수 있겠지?'

아이들과 남편을 챙기고, 집안일만 하던 지영씨에게 자기 일이 생기면서 시간을 쪼개서 살아야만 했다. 주가 되었던 집안일은 당연히 소홀해질 수밖에 없었다. 두 가지를 완벽하게 하는 건 힘든 것일까? 지영씨가 승승장구하며 이름을 날리고 바빠질수록 집안은 점점 전쟁터가 되어 갔다.

힘 좀 빼세요!

아이들과 저녁 식사를 하는 중이었다. 지영씨의 마음은 안절부절 조급하기만 하다. 아이들이 자신의 계획대로 해주면 좋겠지만 그렇지 않았다. 마음이 분주할수록 아이들은 더 느리게 행동하는 듯했다. 아이들은 밥 한 숟가락을 입에 넣고 씹지도 않고 서로 장난치며 그냥 물고만 있었다. '빨리 먹지 않으면 다 갖다 버릴 거야!'라고 으름장을 놓았지만 소용없었다. 지영씨는 울화통이 터져 소리를 질렀다.

지영씨   장난 그만 치고 빨리 밥 먹으라고 했지? 너희들 엄마 말 안 들을 거야? 엄마 바쁘단 말이야! 이럴 거면 밥 그만

먹어! (밥그릇을 싱크대에 던지다시피 치우며) 식탁에서 내려
가! 지금 당장!!

지 우 으아아 으아앙~~~ 엄마 잘못했어요. 다시는 안 그럴
게요.

상 혁 엄마, 요즘 너무 무서워. 너무 무섭단 말이야. 왜 자꾸 소
리 질러요?

지영씨 너희들이 엄마 말을 안 들으니까 그렇지? 엄마가 괜히
소리 지르겠어?

상 혁 엄마는 요즘 만날 바쁘다고 그러면서 뭐든지 빨리 빨리
하래. 나 혼자 천천히 먹으려고 하면 엄마가 내 숟가락
뺏어가서 밥을 엄청 많이 담아 내 입에 막 넣었잖아. 그
래서 먹기 힘들단 말이에요. 옛날에는 안 그랬잖아요.
엄마랑 같이 요리도 하면서 아빠 올 때까지 늦게 늦게
밥 먹었는데… (갑자기 서러워진 상혁이가 눈물을 터트린다)
엄마가 괴물이 된 거 같아. 으아앙~

오빠가 울자 동생도 더 크게 울기 시작했다. 상혁이의 이야기
를 듣고 지영씨도 뭔가 머리를 얻어맞은 거 같았다. 밥을 빨리 먹
일 생각에 숟가락에 밥을 듬뿍 담아서 아이 입안으로 들이밀었

던 것이다. 아이들한테 미안했다. 잠시 멍하게 서 있었다. 어느새 퇴근한 남편이 지영씨 옆에 서 있었다.

남　편　여보! 왜 그래? 애들이 왜 이렇게 울어? 당신은 정신이 반쯤 나간 사람 같고. 무슨 일이야?

지영씨　밥을 안 먹고 장난만 치길래 혼을 좀 냈더니 이렇게 울잖아. 어휴. 할 것도 많고 신경 쓸 것도 많아서 힘들어 죽겠는데 애들도 점점 말을 더 안 듣는 거 같아.

남　편　여보, 일단 애들은 내가 먹일 테니까 당신은 좀 쉬어. 당신 요즘 바빠서 그런지 아주 예민한 거 같아. 당신이 예뻐지고 활력 있어 보여서 좋긴 한데 그만큼 멀어지는 거 같아서 나도 불안해질 때가 있어. 아이들도 아마 비슷한 감정이지 않을까?

　지영씨는 복잡한 감정을 정리하기 위해 밖으로 나와 걸었다. 무거운 머리를 가볍게 하는데 가장 효과가 좋은 것은 몸을 움직이는 것이리라… 해가 져서 어둑어둑해진 아파트 단지를 계속 걸었다. 1시간쯤 걸었을까? 누군가의 목소리가 들려왔다.

아르테미스 이제 머리가 좀 가벼워지셨나요? 제가 봐도 불안 불
안했어요.

지영씨 뭐가 문제일까요? 요즘 되게 행복한 상황이거든요.
다 잘되어 가고 있는데 머리도 마음도 늘 불안해요.
너무 피곤해서 하루 정도 늦잠을 자고 나면 저 스스
로가 너무 한심하고 짜증이 나요. 해야 할 건 너무 많
은데 아이들 돌보느라 시간이 부족해서 저는 무조건
새벽 시간을 활용해야 하는데 말이지요. 새벽을 놓치
면 너무 불안해요. 그동안 여신님들과 함께 훈련하
면서 완전히 변한 제가 정말 좋았거든요. 그런데 요
즘은 사실… 솔직히 말하면… 좀 벅찬 거 같기도 해
요…가끔…아이들과 놀이터에서 시간 가는 줄 모르
고 놀면서 크게 웃고 떠들었던 그때가 생각나요. 친
구와 전화 통화하며 수다 떨고 여유 있게 차 한잔 마
셨던 그때가…

아르테미스 그때가 그리운 건가요? 다시 그때의 지영씨로 돌아
가고 싶어요? 지금의 모든 것을 놓아버리고?

지영씨 아니요. 그립긴 하지만 지금의 모든 것을 다 놓아버
리고 싶지는 않아요. 놓아버리고 싶진 않지만… 이

렇게 하루하루 불안한 마음으로 동동거리며 뛰어다니는 것도 싫어요. 어쩌지요? 방법을 좀 알려주세요. 다른 신들에게 들으셨으면 아실 테지만 제가 배운 건 굉장히 열심히 실행하거든요. 아! 그런데 어떤 신이라고 그러셨지요? 제가 너무 고민하며 걷다 보니 인사조차 안 하는 실례를 범했네요. 죄송해요. 저는 김지영이에요. 아시겠지만.

아르테미스 그래요. 아주 잘 알지요. 지영씨를 평생 쭉 지켜보았으니까 말이에요. 저는 당신의 마음공부를 도와줄 아르테미스입니다. 그나저나 이제 때가 된 거 같아요.

지영씨 무슨 때요?

아르테미스 당신의 삶을 당신답고 조화롭게 세팅할 때 말이에요.

지영씨 저답게 조화롭게 세팅한다? 제 삶을? 와우, 아르테미스 님의 말씀만 들어도 균형 잡힌 제 삶이 느껴져요. 그동안 신들과 훈련을 하면서 한 가지 확실히 깨달은 게 있어요. 생각이 바뀌면 삶이 바뀐다는 거예요. 저를 찾아와 주셔서 진심으로 감사해요.

아르테미스 저는 늘 지영씨가 태어날 때부터 곁에 있었어요. 다만 내 존재를 몰랐을 뿐이지요. 그러다가 최근에 나를 찾으며 불렀던 거예요. 원할 땐 언제든지 우리 신들을 불러낼 수 있으니 서두르지 마세요. 지금껏 서둘러 왔기 때문에 지영씨의 몸도, 마음도 힘이 들어가 있는 거랍니다. 이제 힘 좀 빼세요. 힘을 빼면 삶이 자연스러워지면서 균형이 잡히지요. 균형 잡힌 몸과 생각이야말로 가장 강한 힘을 지닌답니다.

지영씨 　빼게요. 빼게요. 시키는 대로 '힘' 빼게요. 남들 다 힘들다는 살도 엄청 뺐는데. 몸과 마음의 힘 빼는 게 뭐 힘들겠어요? 그 힘은 어떻게 빼면 되죠?

아르테미스 　지금도 힘이 엄청 들어가 있네요. 서둘지 마세요. 천천히 자연스럽게 시작하면 돼요. 지금은 시간이 너무 늦었으니 일단 집으로 들어가는 게 좋겠어요. 들어가서 챙기지 못한 저녁 식사를 하고, 깨끗하게 설거지를 하세요. 설거지를 빨리 끝내고 샤워하고 애들 재우고 책을 봐야 한다는 생각은 하지 않는 게 좋아요.

지영씨 　알겠어요. 설거지하는 동안 설거지만 생각하기! 그렇게 할게요. 사람은 왜 이렇게 벅차게 살아가야 할까 생각을 하게 돼요. 하나에 집중하면 다른 게 삐거덕대고 계속 그게 반복되는 거 같아요. 신들의 세상에선 그런 게 없죠? (대답이 없다) 아르테미스 님? 잉?

어디 가셨지? 간다는 인사도 하지 않고~

마음을 다스리는 아르테미스와의 1:1 마음공부

3교시 ——— # 지금 이 순간을 살아라

아르테미스   아침부터 무얼 하고 있나요?

지영씨   (눈을 감고 명상자세를 취한 채) 명상을 하고 있습니다.

여신님. (눈을 번쩍 뜨며) 아, 아르테미스 님 오셨네요!

어제 인사도 없이 사라지시더니 갑자기 나타나셨네

요.

아르테미스   그랬네요. 지금 명상을 하고 있다고 말했는데, 명상

이 뭐라고 생각하나요?

지영씨   내 안의 잡념과 생각을 비우는 거 아닐까요?

아르테미스   그렇다면 명상을 하는 동안 머릿속의 생각들이 비워

지던가요?

지영씨	아니요. 사실 생각을 비워야 한다고 생각하면 생각이 더 많이 나는 거 같아요. 눈을 감고 명상을 하려고 치면 오히려 생각들이 꼬리에 꼬리를 물어서 별 이상한 생각을 다 하게 만드는 거 같아요. 잠시도 생각이란 녀석이 조용히 하지를 않아요. 그래서 항상 좀 해보다가 안 하게 되더라고요. 그런데 어제 여신님께서 힘을 좀 빼라고 하셔서 다시 도전해 본 거예요.
아르테미스	사실 생각을 안 한다는 것은 불가능한 일이에요. 오히려 생각하지 말아야 한다는 생각이 더 커져서 힘이 더 들어가게 되어있지요. 미간이 좁혀지면서 어깨와 목에 긴장감이 더 심해지는 것이 그 증거이고. 명상이란 생각을 비우는 것이 아니에요.
지영씨	그럼 명상이란 무엇인가요?
아르테미스	진정한 명상이란 지금 이 순간에 전념(專念) 하는 것입니다. 지영씨는 전념이 무엇이라고 생각하나요?
지영씨	음…잠시만요? (휴대폰으로 사전 검색을 하며) 아, 전념이란 오직 한 가지 일에만 마음을 쓰는 것입니다.
아르테미스	비록 커닝은 했지만 정답입니다. 오직 한 가지 일에만 마음을 쓰는 것이 진정한 명상이지요. 우리는 살

아가는 모든 순간을 명상을 하며 살아갈 수 있답니다. 그것이야말로 힘을 빼는 지름길이고.

지영씨 여신님… 너무 어렵습니다… 무슨 말씀이신지 잘 이해가 가질 않습니다.

아르테미스 머리로 이해하려고 하니 어려운 것입니다. 인생은 머리로 사는 게 아닌데 인간들은 자꾸 머리로 계산하며 사니 복잡해지고 힘들어지는 것이지요. 인생은 느끼며 사는 것입니다. 그러니 전념하는 것이 무엇인지 이해하려고 하지 말고 나란 존재의 중심에 있는 숨쉬기를 하면서 느껴보세요.

지영씨 숨쉬기는 비너스 님을 통해서 제가 제대로 배웠지요. 자 보세요. (숨을 가득 들이마시며) 이렇게 마시고 (숨을 뱉으며) 후~ 이렇게 뱉고. 맞지요?

아르테미스 맞아요. 복식호흡을 비너스 님에게 제대로 배웠군요. 그런데 방법은 맞는데 지영씨의 생각이 문제네요. 너무 잘하고 싶은 생각 말입니다. 그 생각 때문에 숨 쉬는 것에도 힘이 너무 들어가 있어요. 내게 보여주려 하지 말고 숨 쉬고 있는 자신을 느껴보세요. 걸어갈 때는 자신이 걷고 있다는 것을 알아차려야 하고, 누위 있을 때는 자신이 누워 있다는 것을 알아차려야 하는 것이야 말로 진정한 명상입니다. 그러니 이제 눈을 감고 편안하게 앉아서 호흡을 하고 있는 자신을 알아차려 보세요.

지영씨   네 여신님. 한번 해볼게요.

아르테미스   자. 눈을 감은 상태에서 알아차림을 함께 해볼게요. '내가 숨을 쉬고 있구나'라고 알아차리고, '내가 숨을 들이마시고 있구나'라고 알아차려 보고, 그리고 '내가 숨을 코로 뱉고 있구나'라고 알아차려 보는 것이지요. (10분 정도 지영씨를 지켜본다) 잘하고 있어요. 한결 표정과 몸의 긴장 상태가 풀어지는 게 눈에 보이네요.

지영씨   여신님, 숨 쉬고 있는 나를 알아차리려고 해보니 '전념'이라는 것이 무엇인지 조금은 알 거 같아요. 생각해보니 제가 그동안 한 행동들은 모두 '전념'과는 먼 행동들이었네요. 혼자서 밥을 먹을 때도 저는 시간이 아까워서 유튜브 영상 강의를 보면서 밥을 먹었어요. 밥이 무슨 맛인지도 모르며 먹었죠. 책을 읽을 때도 저는 전념하지 않았어요. 한 권을 읽고 있으면서 또 다른 책들을 읽어야 한다는 생각을 했고, 아이들과 놀아줄 때도 저녁 식사는 뭘 할지, 어떻게 하면 애들을 빨리 재울지, 책을 빨리 써야 하는데 왜 못 쓰고 있는 건지를 생각하느라 애들에게 전념하지 못했어요.

아르테미스　홀륭하네요. 지영씨는 깨달음이 참 빨라요. 모두 맞는 말이고. 지영씨는 한시도 현재에 전념하지 않고 항상 미래를 살았어요. 그것도 불안과 걱정으로 말이에요. 우리가 존재하는 건 오직 현재밖에 없습니다. 그러니 전념을 통해 지금 이 순간을 살아야 해요. 미래를 계획해 봤자 계획대로 되는 것은 아무것도 없어요. 그저 지금 이 순간, 마음을 다해서 살다 보면 인간의 머리로는 생각할 수도 없는 어마어마한 멋진 일들이 펼쳐집니다. 인간이 자꾸 계획하고 미래를 걱정하기 때문에 '현재'라는 선물을 줘도 기뻐하지 않는 것이고, 기쁨과 행복, 사랑이라는 에너지가 충만하지 않기 때문에 미래도 점점 궁핍해지는 것이지요. 알겠나요? 지금 이 순간에 마음을 다하며 사는 것이 얼마나 중요한 것인지를!

지영씨	(눈을 감고 아르테미스의 말에 경청하다 감정에 벅차 눈물을 흘린다) 지금 이 순간 제가 숨을 쉬고 있는 거 자체만으로도 온전함이 느껴져요. 감사함이 충만해져요. 뭔가를 잘해야 할 필요도 없고 억지로 잘 보이기 위해서 노력할 필요도 없다는 생각이 들어요. 지금 이 순간을 마음을 다해서 살고 있는 것 자체만으로도 충분히 행복하고 가치가 있는 것이네요. 숨 쉬는 나를 알아차리려고 했을 뿐인데, 그동안 가지고 있던 모든 고통에서 벗어나는 거 같아요.
아르테미스	자, 조금 있으면 아이들이 잠에서 깨어날 시간이네요. 등원 준비하느라 분주하겠지만 단 10분이라도 마음을 다해서 아이들과 신나게 놀아주세요. 그리고 지영씨도 아이가 되어서 함께 놀아 보세요. 놀아 주는 것과 노는 것은 전혀 다르다는 것을 명심하고요.

지영씨는 얼굴이 얼얼할 정도로 아침부터 아이들과 장난을 하며 실컷 웃었다. 그리고 아이들 얼굴을 씻기면서 마음을 다했다. 이마, 눈썹, 눈, 코, 볼, 입술, 턱, 그리고 손까지 아주 천천히 씻겼다.

'애들이 언제 이렇게 큰 거지? 이제 아기 때의 모습은 전혀 없네.'

지영씨는 울컥했다. 그동안 책을 읽고 방송하고 책을 쓰느라 아이들이 성장하는 모습을 눈과 마음에 담아놓지 못한 것이 무척이나 속상했다. 지영씨는 다시 한 번 다짐했다. 지금 이 순간, 마음을 다해 충만하게 살겠노라고. 지영씨는 분명 깊어지고 있음을 느꼈다.

4교시 ——————

위기는
또 다른 깨달음의 선물

모든 일에 힘을 빼라는 아르테미스 님의 말에 힘을 빼고 다시 삶을 재정비하고 있는 지영씨. 그동안 잃어버렸던 자신의 삶과 가정의 조화에 대해 생각하며 균형 있게 살아가려고 노력하는 중이다. 오늘은 아이들을 학교와 유치원에 보내고 문화센터에서 진행하는 엄마들을 위한 강연회에 강사로 참석했다. 강연을 마치고 난 후 화장실에 간 지영씨. 그날따라 배가 너무 아파 한참을 있다가 나오려고 하던 찰나였다.

여자1   직접 보니 어때? 정말 별거 없지?

여자2   그러게! 난 뭐 대단한 여자인 줄 알았는데, 껍데기만 있

네. 강의 내용도 어디서 다 들어본 거 같고, 짜깁기한 느
낌이야. 자기 스토리만 얘기하고 깊이감도 없어.

여자1   더 무서운 거 뭔지 알아? 되게 독한 여자라는 생각 안 들
         어? 난 그래서 어렸을 때부터 못 살아 고생한 사람을 싫
         어해. 그런 사람들은 눈에 독기가 있거든. 그리고 결국
         엔 사람을 이용해 먹더라고!

여자2   그러게! 뭔가 동기부여를 받을까 해서 왔는데, 난 그냥
         이렇게 사는 것도 나쁘지 않은 거 같아. 난 저 여자처럼
         독하게 살기 싫어. 그냥 편하게 살래! 소소한 행복을 누
         리면서~ 그래도 자기! 같이 오자고 해서 고마워~!

여자1   그래, 나밖에 없지? 그럼 커피 한잔 마시러 갈까?

지영씨, 화장실에서 나오려다 못 나오고 한참을 앉아 있었
다. 앞에서는 지영씨에게 칭찬을 하며 온갖 아양을 떨던 사람들
이었다. '하필, 그 자리에 있었던 이유가 뭐람!' 듣지 않아도 될
말을 들은 지영씨는 마음을 추스르려 해 봐도 좀처럼 되지 않았
다. 간신히 밖으로 나가서 자신에게 인사를 하는 사람들을 보는
데 하나같이 다 가식적으로 보였다. 앞에서는 웃고 있지만 뒤에
서 쑥덕쑥덕하는 소리가 들리는 듯했다. 직원분께 인사를 하고

가려고 했다. "지영씨, 괜찮으세요? 갑자기 안색이 안 좋아 보이는데. 무슨 일 있었어요?" 아니라고, 괜찮다고 하며 인사를 하고 나온 지영씨, 아직 충격이 가시지 않는다. 오늘은 강연회 때문에 둘째 아이 하원을 현주씨에게 부탁을 해 놓은 상태였다. 빨리 아이를 데리러 가야 했기에 정신없이 집으로 향했다. 현주씨 집에 도착한 지영씨.

지영씨   현주씨, 고마워.

현주씨   별말씀을~. 그런데 지우가 오늘 컨디션이 좋아 보이지 않네.

지영씨   지우야! 엄마 왔어. (엄마를 보더니 와락 안기며 울음을 터트리는 지우) 지우야, 무슨 일 있었어? 왜 그래?

현주씨   지우가 아무래도 오늘 무슨 이야기를 들은 거 같아.

지영씨   무슨 이야기? 일단 지우 데리고 갈게. 다음에 이야기하자. 현주씨! 고마워.

    지우를 집으로 데리고 온 지영씨. 아무래도 요새 지우를 잘 챙기지 못하고, 화를 냈던 게 아이에게 영향을 준 것 같아 미안한 마음 가득하다. 지우는 엄마 품에 안겨 울다가 잠이 들었다. 나중에 온 첫째 상혁이가 지영씨에게 와서 말을 한다.

상　혁　엄마, 뭐 물어봐도 돼?

지영씨　응, 그럼!

상　혁　그런데 할아버지가 엄마 막 때리고 그랬어? 할아버지가
　　　　엄마 때리고 그래서 할머니랑 이혼한 거야? 오늘 학교
　　　　가는데 다른 엄마들이 하는 말 들었어. 누가 엄마 책 읽
　　　　었나 봐. 그리고 그 얘기를 막 다른 엄마들한테 하더라
　　　　고! 그러면서 콩가루 집안이라고 했어. 그런데 지우도
　　　　그 얘기 들었어. 지우가 그 얘기 듣고 많이 속상했던 거
　　　　같아. 나야 뭐 남자니까 괜찮은데.

지영씨　그랬구나. 상혁이는 그 얘기 듣고 무슨 생각 했어?

상　혁　엄마가 많이 아팠구나 하는 생각. 그리고 내가 강해져서
　　　　엄마를 보호해 줘야겠다는 생각.

지영씨　우리 아들 다 컸네. (지영씨는 상혁이를 안아줬다) 오늘은 아
　　　　무 생각하지 말고 푹 자. 그리고 다른 사람들이 말하는
　　　　그런 거 아니니까. 남들의 그런 말에 너무 신경 안 써도
　　　　돼. 엄마가 무슨 말 하는지 알지?

상　혁　응.

상혁이의 말에 지영씨는 울컥했다. 아들이 이렇게 깊은 생각을 하고 있으리라고는 생각도 못 했다. 아이들이 지영씨의 뜻대로 따라주지 않을까 봐 노심초사했는데, 그리고 자기 생각대로 자라주길 강요했는데… 순간 눈물이 쏟아졌다. 지영씨는 생각했다. 자신의 기준으로 아이들을 키우지 말자고. 자신도 획일적인 교육 시스템이 싫어서 부정하며 살아왔는데, 어느 순간 자신도 휩쓸려서 아이들을 그 경쟁 시스템으로 몰아놓고 있었다는 걸 깨닫게 됐다. 위기 속에서 상혁이의 말이 지영씨에게 큰 울림을 주었다. 어쩌면 가까운 관계일수록 서로가 서로에게 많은 기대를 하기 때문에 점점 힘들어졌는지도 모른다. 이 계기를 통해 다시는 자신의 바람대로 남편과 아이들을 바꾸는 것이 아니라, 있는 그대로 인정해주고 존중해주며 살아야겠다고 생각했다. 엄마의 마음만 내려놓아도 가족 관계는 큰 변화가 있을 것이다.

지영씨에게 오늘은 정말 많은 생각이 드는 날이다. 자신이 승승장구할수록 계속해서 사람들의 구설수에 오르는 느낌이다. 사람들이 자신을 비난한들 어쩔 수 없지 않겠는가! 하나하나 해명해가며 그들에게 나를 인정해달라고 외칠 수도 없는 노릇이다. 이럴수록 흔들리지 말고 중심을 확고하게 잡아야 할 필요성

마음을 다스리는 아르테미스와의 1:1 마음공부

을 느낀다.

남들이 떠드는 말에 하나하나 신경을 쓰다 보면 휘청하는 삶을 살 게 분명하고, 그렇다고 해서 지금까지 이뤄 놓았던 것들을 다 내려놓을 수 없는 법이다. 생각해 본다. 그동안 얼마나 남들의 시선을 신경 쓰며 살았는지. 그래서 자신이 얼마나 불행했었는지. 엄마로서의 자신, 사회가 요구하는 자신으로 살기 위해 노력했었지만 그게 얼마나 부질없는 짓인지 안다. 중요한 건 자신의 가치관을 바로 세우고, 남들이 뭐라 하든 자신만의 길을 가는 것이다. 뚝심 있게! 그러려면 마음을 잡고, 멘탈을 강화하는 게 우선이다. 모든 게 자신이 먼저 있고, 그다음에 다른 것도 존재하는 법이니까!

아르테미스 님이 말한 일 그리고 조화와 균형 있는 삶에 대해 생각해 본다. 그나저나 이때쯤 아르테미스 님이 나타나야 할 거 같은데 나타나지 않는다. 대체 뭘 하고 계신 거람!

5교시 ─────

이완을 통해
진정한 나를 찾는다

예전이었다면 자신을 향한 비난의 말에 지영씨는 견딜 수 없었을 것이다. 하지만 그동안 꾸준히 단련시켜 온 지영씨는 이 난관을 어떻게 극복해야 할지 궁리를 하고 있었다. 나쁜 이야기들이 들려 왔지만 그 와중에서도 감사할 것들을 찾아 감사일기를 쓰고 있었다. 그리고 명상을 하며 '지금 이 순간'에 집중하고 살기 위해 노력을 했다. 하지만 지영씨를 향해 들려오는 비난의 말들과 악성 댓글에 억울한 마음이 올라오는 것은 사실이었다. 그리고 그건 지영씨에게 고통이었다.

아르테미스   저를 간절히 찾고 있었나요?

지영씨 지금 오시면 어떡합니까? 여신님! 제가 그동안 얼마나 힘들었는지 아세요?

아르테미스 잘 알죠! 그리고 쭉 지켜보고 있었어요! 아이들 키울 때를 생각해 보세요. 아이가 걷다가 넘어지면 바로 일으켜 세워 주는 게 좋을까요? 아니면 조금 마음이 아프더라도 스스로 일어나서 깨우치도록 지켜봐 주는 게 좋을까요? 당장 내 마음 편해지자고 일으켜 준다면 그 아이는 자신이 일어서서 헤쳐나가는 힘을 갖지 못해요. 마음이 아프더라도, 찢어지더라도 지켜봐 주는 게 성장에 도움이 됩니다.

지영씨 예! 예! 알겠습니다. 어찌 제가 여신님을 이길 수 있을까요. 하지만 너무 억울한 걸 어떻게 합니까. 나는 열심히 산다고 고군분투하며 사는데 들리는 말들이라곤 나를 향한 비난의 말들입니다.

아르테미스 너무 억울해하지 마세요. 비난하는 사람들이 지영씨를 질투해서 그런다고 생각하면 어떨까요! 본인들은 지영씨처럼 되고 싶은데 그렇게 노력할 용기도 없고, 의지도 없고. 결국 자신들 맘 편하자고 다른 사람을 깎아내리는 발언을 하는 거라고요. 자신들의 합리화

인 거지요. 무슨 말인지 알겠죠?

지영씨   이해는 가요. 저도 한때 그런 적이 있었으니까요. 그렇다고 지금 그 말이 저에게 위로가 되지는 않네요.

아르테미스   지영씨가 지금까지 자신을 가꾸고, 노력했던 일들이 누군가에게 잘 보이기 위함이고 사랑받기 위함이었나요?

지영씨   그런 건 아니지만…

아르테미스   그런데 왜 그렇게 우울해하고 있나요?

지영씨   아이들 생각하니까 그래요.

아르테미스   아이들?

지영씨   괜히 엄마에 대한 안 좋은 소문을 들어서 영향 미칠까 봐요. 정서적으로. 그리고 어떤 목표가 있었을 때는 목표를 향해 정진하느라고 몰랐었는데 이루었다고 생각하니 기운이 빠지고, 자꾸 자신을 채찍질하는 것만 같아 두렵고 불안한 마음이 커져요. 남들의 평가에 민감하게 되고.

아르테미스   왜 아니겠어요! 그래서 사람들이 말하곤 하죠! 어린 시절에 이룬 성공은 독이 될 수 있다고. 어쨌든 사람이 유명해지면 어느 쪽으로든 반대 세력은 생기기 마련이고, 그것들에 대해 초월할 수 있는 마음이 있어야 합니다. 바로 마음의 근육이 단단해져야 한다는 이야기에요. 지영씨가 전념에 대해 깨닫고 실천하면서 순간순간 행복을 맛보면서도 불안감을 동반한 고통 속에서 빠져나오지 못하고 있는 이유는 바로 '나는 옳고 상대는 틀리다.'라는 생각에서 나오는 판단 때문이라고도 할 수 있어요.

지영씨   무슨 판단이요?

아르테미스   독서, 글쓰기, 방송, 운동을 하루라도 하지 않으면 그동안 쌓아왔던 것들이 하루아침에 물거품이 될 거라는 판단! 새벽에 일찍 일어나지 못한다면 성공하지 못할 거라는 판단! 돈이 많아야 행복해질 수 있고 돈이 없으면 불행할 거라는 판단! 모든 사람이 나를 인정하고 좋아해 줘야 한다는 그런 판단들 말이에요.

지영씨   맞아요. 여신님을 만나고 지금 이 순간을 살기 위해 애쓰고 있어요. 그런데 그럴 때마다 자꾸 해야 할 것들이 떠올라서 다시 마음이 불안해지더라고요.

아르테미스   진짜 불행한 삶이 무엇인지 아세요? 모든 것을 꽉 움켜쥐고 긴장된 상태로 사느라 편안함, 평온함, 온전함을 느끼지 못하고 사는 삶입니다. 가지고 있는 게 많을수록 더욱 긴장된 상태가 되는 것이지요. 정신적인 것 못지않게 물질적인 것도 마찬가지로 가지고 있는 물건이 많을수록 하나라도 잃고 싶지 않아 움켜쥐게 됩니다. 아는 것이 많을수록 좋을 거 같나요? 절대 그렇지 않습니다. 아는 것을 실천해야 한다는 생각 때문에 몸과 마음이 항상 긴장된 상태가 되어버리지요. 지영씨가 바로 그런 상태에 있는 거고요.

지영씨 그럼 어쩌지요? 모든 것을 놓아버릴까요? 방송도? 글쓰기도? 운동도? 독서도? 사람들의 기대도?

아르테미스 놓아버려야 한다는 판단도 하지 말아요. 자연스럽게 사는 거예요. 쉬고 싶으면 쉬고, 자고 싶으면 자고, 놀고 싶으면 놀고. 그리고 읽고 싶을 때 읽고, 걷고 싶을 때 걸으면 된답니다. 방송도, 글쓰기도 다 마찬가지. 꼭 해야 한다는 판단을 멈추고 자연스럽게 먹고, 보고, 걷고, 느끼다 보면 진정한 자아를 만나게 되는 거예요.

지영씨 그런데 그렇게 하고 싶은 대로 자연스럽게 산다는 것이 게으르게 사는 것을 말하는 것은 아니겠지요? 그걸 어떻게 구별할 수 있을까요?

아르테미스　지영씨는 지금 또 판단했어요. 게으르게 사는 것은 나쁘다고.

지영씨　앗. 그러네요. 이 판단이라는 것이 습관이 되어서…

아르테미스　그래요. 판단을 멈추는 것은 어려운 일입니다. 세상은 온통 판단하라고 우리를 부추기니까 말이죠. 자, 처음에 내가 힘을 빼라고 했던 말을 기억하시나요? 판단하지 말아야 한다고도 생각하지 말고 그저 힘을 빼겠다고 생각해보세요. 그것을 '이완'이라고 부른답니다. 몸과 마음의 깊은 이완을 통해서 움켜쥐고 있던 모든 것들로부터 자유로워지는 연습을 해보세요.

지영씨　움켜쥐고 있는 것들로부터 자유로워지고 싶어요. 처음에는 책을 읽고 방송을 하고 글을 쓰는 것이 참 즐거웠어요. 그 시간이 기다려지고. 그런데 어느 순간 모든 것들로부터 내가 꽉 매여 있는 느낌이 들었지요. 그때부터 제가 예민해지고 불안해했던 거 같아요.

아르테미스　순수한 자아보다 욕심과 욕망이 더 커져 버렸기 때문이에요. 거의 모든 인간이 그런 길을 걸어가고 있어요. 세상이 만들어 놓은 판단에 맞추느라 점점 자아가 사라지는 것도 눈치채지 못한 채… 사는 의미가 전혀 없는 거지요. 하지만 지영씨는 다행스럽게도 진정한 자아를 찾기 위해 나를 불러내었으니 내가 맡은 바 책임을 다하도록 하겠어요. 준비되었나요?

지영씨   네! 여신님, 준비되었습니다.

6교시 ───

김지영 씨,
진정한 여신이 되다

아르테미스   지영씨는 행복이 뭐라고 생각해요?

지영씨   예전에는 내가 그때그때 원하는 걸 하는 게 행복이
라고 느꼈죠. 그런데 얼마 전에 책을 읽다가 다시 한
번 생각하게 되었어요. 고전 연구자 박재희 박사님이
2012년에 한 칼럼에 쓴 내용이래요.

"남의 시선과 기대에 연연하지 않고 내 영혼의 소리
에 귀를 기울이고 사는 것이 삶의 자세다. 이렇게 사
는 사람은 언제나 마음이 만족스럽다."

지금은 이렇게 말하고 싶어요. 내 영혼의 소리에 귀
를 기울이고 사는 것이 진정으로 행복한 삶의 자세가

아닐까. 하지만 또 행복해야 한다는 강박관념에 그 단어에 갇혀서 사는 것도 좋은 건 아닌 거 같아요.

아르테미스 좋아요. 역시 사람은 아픔만큼 성숙해지는 가보네요.

지영씨 성숙하더라도 아픈 건 싫네요. 하하하. 어떤 일에서든 내려놓음의 자세가 필요한 거 같기도 하고요. 그럴 때 진정으로 내 영혼의 소리에 귀를 기울일 수 있는 거 같아요.

아르테미스 그래요. 그래서 이제부터 우리가 해야 할 일은 이완을 통한 내려놓음입니다. 전에 했던 호흡에서 조금 더 발전시켜 연습해 볼 거예요. 명상할 때의 그 호흡법 기억하죠?

지영씨 그럼요!

아르테미스 숨을 들이마시고 내쉬어 보세요. 숨을 들이마시고 내쉴 때 온몸의 기는 아랫배로 내려가 모이게 됩니다. 그 기를 계속해서 아래로 보내주는 연습을 하는 거예요. 몸의 아래가 따뜻해지면 그 열의 기운으로 몸의 이완이 더 잘 된답니다.

지영씨 그전에는 배와 가슴 쪽의 호흡만 생각했었는데 또 다른 접근이네요.

아르테미스　중요한 건 지금부터예요. 지영씨는 지금까지 너무너무 잘해 왔고 그 자체로 너무 훌륭하니까 그건 인정해 주세요. 하지만 지금까지 채우는 데 급급했다면 이제부턴 비우는 연습을 하게 됩니다. 이제부터 지영씨가 더 높이 올라가고자 하는 욕심. 더 완벽하고자 하는 마음들. 남편과 아이들이 내 맘대로 되어야 한다는 생각들 모두 내려놓을 거예요. 그리고 남들이 지영씨에게 하는 기대에 맞추려는 것과 다른 사람들이 모두 지영씨를 인정해주고 사랑해줘야 한다는 마음들 모두 다 내려놓고 지영씨 있는 그대로의 자신만 바라보는 거지요. 그리고 인정해 줍니다. 괜찮다. 괜찮다. 어떤 모습이어도 괜찮다고.

지영씨　비우는 게 잘 안되네요. 잡념을 없애 버리고 뇌가 깨끗해졌으면 좋겠어요. 참, 말이 나와서 말인데 제 친구 아버지가 파킨슨병을 앓고 계시는데 그게 뇌와 관련된 병이라고 하던데요. 평소에 마음을 비우면서 이런 훈련을 하는 게 중요한 거 같아서요. 맞죠?

아르테미스　파킨슨병은 신경퇴행성 질환 중의 하나인데 신경 세포들이 어떤 원인에 의해 없어져서 생기는 병이에요.

그리고 뇌에 계속해서 스트레스를 받는 사람이나 뇌에 충격이 가해진 사람들이 많이 걸리긴 해요. 결국은 마음이 한쪽으로 집중되어 생기는 병이라 할 수 있지요. 그 뇌를 풀어주지 않으면 뇌가 함몰돼서 서서히 망가지게 되는 겁니다. 그러면 자기도 모르게 화가 나고 그 마음을 잘못 다스리게 되면 병이 되는 것이지요. 그래서 마음을 이완하고 풀어주는 과정이 중요해요. 명상을 통해 마음을 이완해 준다면 건강하게 살아갈 수 있어요. 내 마음만 잘 관리해도 건강은 물론이고, 부자가 될 수 있답니다.

지영씨 　결국은 마음 관리인 거 같아요. 채워 놓았으니 다 비우는 작업! 여신님 말을 듣고 있노라면 마음이 편해져요. 그리고 그 근본엔 '숨쉬기'가 있는 거 같아요. 맞죠? 몸의 이완도 결국 숨쉬기가 기본이 되어서 할 수 있는 거고요.

아르테미스 　네! 역시 보람이 있네요. 이제 척하면 척하고 알아듣고~. 숨쉬기만 잘해도 내 몸에 있는 화 등의 감정을 다스릴 수 있고, 건강하게 살 수 있는 척도가 될 수 있어요. 결국 우리는 행복한 삶을 살기 위해 경쟁도 하고, 돈도 벌고 하는 건데…

또 비유를 한번 해보자면, 식물이 자라려면 땅이 있어야 하는데 그 땅이 잘 가꾸어져 있어야 해요. 몸도 마찬가지. 몸이 제대로 움직이려면 숨을 제대로 쉬면서 살아야 한다는 이야기라고 할 수 있지요. 그리고 당연한 얘기지만 제대로 비웠을 때 채움이 일어나는 법이에요. 이렇게 계속해서 몸이 좋은 기운으로 선순환되려면 이완을 시켜주는 게 중요해요. 긴장을 풀면서 진정한 나를 찾아가는 겁니다. 인생이란 결국은 자기 자신을 찾아가는 과정이니까요?

지영씨　맞아요. 여신님! 결국엔 자기 자신을 찾는 과정! 자기 자신을 찾은 사람은 언제나 여유 있어 보이고 당당하고 그 사람만의 아우라가 뿜어져 나오는 거 같아요. 비단 외적으로 보이는 외모의 문제만이 아닌.

아르테미스　마지막으로 한마디만 해도 될까요?

지영씨　이제까지 하셨는데, 뭐 새삼스럽게~ 당연하죠!

아르테미스　세상을 살면서 그 무엇보다 중요한 건 다른 사람을 용서하는 일이 아닌가 싶어요. 스트레스의 대부분은 인간관계에서 오는 경우가 많으니까요. 용서가 되어야 사랑도 할 수 있는 법. 모든 것을 사랑할 수 있는 마음은 어떤 조건에 의해서가 아니라 순수하게 사랑할 수 있는 마음입니다. 명상하고 이완을 하다 보면 그런 자애심은 저절로 생기는 거고. 그런 자애심이 충만할 때 인생에서 계속 좋은 일들만 일어나게 될 거예요. 순수하게 사랑할 수 있는 마음을 가져야 한다는 거 잊지 마세요.

지영씨 당연하죠! 결국엔 순수한 마음이 이기는 거 같아요. 결국 자신의 마음에 사랑을 가득 채우는 것이 답이었네요. 사랑이 모든 것을 이기느니라. 결국 인생에서 중요한 건 '사랑'이겠죠.

아르테미스 여신이 된다는 건 '사랑이 넘치는 사람'이 된다는 것과 일목 상통하지 않을까 싶어요. 단순하지만 위대한 그 진리를 알기 위해 지영씨가 선택을 받았고, 이 먼 길을 함께 걸어온 거고! 함께 배우면서~

지영씨 와! 진짜 감사합니다. 정말 전 행운이 가득한 사람인 거 같아요.

아르테미스 이제 지영씨에게 여신의 직함을 건네주려 해요. 받으실 준비는 됐나요?

지영씨   당연하죠! 여신님! 저 그럴 자격이 있는 거죠?

아르테미스   물론이죠! 사랑해요. 지영씨~

　　지영씨는 마음속에 사랑이 충만함을 느낄 수 있었다. 그리고 온몸이 가벼워졌다. 진정한 여신이 된 것이다. 그 어떤 것에도 구애받지 않고 오직 김지영 자신으로 사는 방법을 터득한 것 같았다. 오늘도 자신이 출연한 방송을 모니터하고 자신을 향해 달린 악성 댓글을 본다. 아무렇지도 않다. 나 자신 자체로 이미 만족하고, 사랑이 충만하기 때문이다.

아르테미스   그렇게 매일 살아요. 우리...

서둘지 마세요.
천천히 자연스럽게 시작하면 돼요.

쉬고 싶으면 쉬고, 자고 싶으면 자고, 놀고 싶으면 놀고.
그리고 읽고 싶을 때 읽고,
걷고 싶을 때 걸으면 된답니다.

그저 지금 이 순간, 마음을 다해서 살아요.

에필로그 ─────

풍성하게 쌓이는
나의 존재감

이 책을 읽고 있는 수많은 지영씨! 1장부터 5장까지 재미있게 읽으셨나요? 어때요? 이제 뭔가 실행해 보고자 하는 욕구가 뜨겁게 올라오지요. 좋아요. 아주 좋아요! 그 욕구를 계속 유지하는 것이 사실 관건이랍니다. 그러기 위해서는 욕심을 버리셔야 해요. 1장부터 5장까지 나와 있는 모든 공부를 실행하겠다는 생각을 버리세요. 너무 많은 시간을 투자해서 빨리 변하겠다는 생각도 버리세요. 제 경험상으로 그렇게 하다가는 '나는 뭐 하나 꾸준히 하지 못한다.'는 패배감에 곧 휩쓸리게 될 테니까요.

하루 10분, 15분도 좋아요. 걷기도 좋고, 말하기도 좋아요. 하루 한 쪽 책 읽기도 좋고, 5분 복식호흡도 좋습니다. 5줄 감사일기 쓰는 것도 더없이 좋지요. 꾸준히 하다가 며칠 못했다고 해서 자책하지 마세요. 다시 하면 돼요. 그렇게 해도 나의 자존감은 차곡차곡 쌓이더라고요. 단 한 개의 공부습관을 목표로 하세요. 그렇게 한 개의 공부습관이 만들어지면 다음 진도는 알아서 나아가게 되어있어요. 한 개의 공부습관은 복리처럼 세 개, 여섯 개, 열 개로 커지게 되지요.

법정 스님께서 이런 말씀을 하셨어요.

"인간의 목표는 풍부하게 소유하는 것이 아니고 풍성하게 존재하는 것이다."

아이를 키우고, 나이를 한 살 한 살 먹을수록 우리는 물질적인 삶에 대한 욕심이 더 커져만 갑니다. 더 크고 좋은 집을 원하고, 더 많은 돈을 원하게 되더라고요. 그것이 마치 성공한 사람들만이 갖는 높은 수준의 삶이라고 생각하는 것이지요. 하지만 이 책에서 제안하는 '진짜 공부'를 조금이라도 해본 엄마는 아실 거예요. 진짜 수준 높은 삶이란 무엇인지를 말이지요. 수준 높은 엄마는 가족 구성원 전체의 삶을 더욱 품격 있고 풍성하게 만들어간답니다.

미세먼지 걱정 없는 날씨 좋은 날에는 어김없이 놀이터가 만원입니다. 아이들과 엄마들이 삼삼오오 모여 있기 때문이지요. 아이들은 웃고, 소리 지르고, 때로는 울며 여기저기 뛰어다니면서 노는데 정신없습니다. 엄마들은 그런 아이들 곁에 모여 이런저런 대화를 나눕니다. 주말에 아이들하고 어디에 다녀왔는지부터, 아이들 학교 선생님이 어떤지, 학원은 어디가 좋은지, 오늘 저녁에는 뭘 먹을지, 새로 이사 온 집은 가족 구성원이 어떻게 되는지… 엄마들의 정보수집과 관찰력, 그리고 그 에너지는 정말 대단합니다.

그런데 가끔 보통 엄마들과는 다른 행보를 보이는 엄마를 발견합니다. 그 엄마는 뛰어노는 아이들 곁에서 책을 보거나 두 눈을 감고 명상을 합니다. 그녀는 화장을 하지도 않고 옷차림이 좋은 것도 아닙니다. 가끔 그녀의 아이들은 비오는 날에도 놀이터로 나와 놀기도 합니다. 사람들은 그녀가 좀 이상하다고 수군거리기는 하지만 그녀에게 뭔가 범접할 수 없는 아우라가 있다는 이야기에는 모두 고개를 끄덕입니다. 그녀에게는 분명 힘이 있습니다. 세상에 휘둘리지 않고 자신의 삶을 풍성하게 만끽하는 힘 말입니다.

　　　　이 책을 통해서 여러분도 그 무엇과도 바꿀 수 없는 기쁨을 맛보시길 간절히 바랍니다. 그로 인해 여러분 곁에 존재하는 모든 것이 얼마나 고맙고 사랑스러운지 알게 될 테니까요.

그렇게___ 매일 여신으로 산다

마흔 즈음, 김지영 씨의 여신공부

초판 1쇄 인쇄	2019년 6월 10일
초판 1쇄 발행	2019년 6월 19일
기 획	김주연
지은이	김선미, 김정아, 김주연, 조헌주, 유성종
펴낸이	최남식
스태프	전현영, 고광정, 김을섭
펴낸곳	오리진하우스
출판등록	2010년 3월 23일 제313-2010-87호
주 소	인천광역시 서구 고산후로121번안길 28 , 206호
전 화	02-335-6612
팩 스	0303-3440-6612
이메일	originhouse@naver.com
포스트	post.naver.com/originhouse

ISBN 979-11-88128-14-3 (03190) : 15000

이 도서의 국립중앙도서관 출판예정도서목록(CIP)은 서지정보유통지원시스템 홈페이지
(http://seoji.nl.go.kr)와 국가자료종합목록 구축시스템(http://kolis-net.nl.go.kr)에서
이용하실 수 있습니다. (CIP제어번호: CIP2019022271)

"지영 씨! 함께 해줘서 고맙고, 사랑합니다.

… 그리고 꼭 기억해요.

당신에게도 뭔가 특별한 아우라가 있다는 것을."